D1084586

7-04

Emiliano Zapata

GRANDES MEXICANOS ILUSTRES

EMILIANO ZAPATA

Juan Gallardo Muñoz

DASTIN, S.L.

© DASTIN, S.L.
Polígono Industrial Európolis, calle M, 9
28230 Las Rozas - Madrid (España)
Tel: + (34) 916 375 254
Fax: + (34) 916 361 256
e-mail: info@dastin.es
www.dastin.es

I.S.B.N.: 84-492-0316-3
Depósito legal: M-15.899-2003
Coordinación de la colección: Raquel Gómez

Impreso en España - Printed in Spain

> «*Andaban los federales*
> *que no hallaban ni qué hacer,*
> *buscando enaguas prestadas*
> *pa vestirse de mujer…*»*

INTRODUCCIÓN

RESULTARÍA muy difícil entender a personas como Emiliano Zapata, si las separásemos del contexto histórico-social de su tiempo, ya que inevitablemente su figura va unida de forma muy estrecha a una serie de circunstancias concretas del momento en que le tocó vivir.

Tal vez por ello al hombre de hoy le pueda parecer complicado aceptar la mentalidad y las reacciones de quien, como Zapata, tuvo que recurrir a medios extremos, en un intento desesperado por cambiar todo aquello que no le gustaba y que, evidentemente, era mucho.

No es que en la actualidad no se den situaciones flagrantes de injusticia en todos los lugares del mundo, contra los que intentar luchar con el idealismo propio de quien busca defender a los demás y liderar una causa que cree justa y honrada. Pero, evidentemente, el momento que le tocó vivir a Zapata fue muy concreto, y sus sentimientos y convicciones le llevaron por un camino violento y difícil, que él consideraba el único posible. Y que tal vez lo fuese.

Hemos de situarnos, pues, en el México de los inicios del siglo XX, para tratar de aproximarnos del modo más fiel y desapasionado

---

* Corrido mexicano en defensa de la Revolución y como burla hacia el Gobierno.

posible al hombre que iba a escribir unas páginas de la historia de su país con las armas en la mano y la desesperación en el corazón.

¿Motivos que movieron a Zapata y a muchos de sus seguidores en esas actividades? Obviamente, el propio entorno político, social y económico del país, en especial de sus amplias zonas agrarias, donde la injusticia alcanzaba cotas muchísimo mayores, capaces de provocar la rebeldía de los campesinos, que se sentían humillados y explotados, tanto por los terratenientes como por la propia Administración, siempre permisiva con los poderosos y nada generosa ni tan siquiera tolerante con los humildes y desheredados.

Todo ello, inevitablemente, había de conducir a una explosión generalizada de las sufridas víctimas de esa situación, como en realidad sucedió entre los años 1909 y 1910. Ello ocurría, en especial, en la región donde había de surgir el auténtico líder de aquella revuelta decisiva, que no era otro que Emiliano Zapata, también campesino, como todos ellos, y por tanto buen conocedor de la problemática de su gente, puesto que era la suya propia y la de su familia.

Gobernaba México por entonces un hombre carismático como Porfirio Díaz, pero ello no era óbice para que la situación de esas zonas paupérrimas fuese la que era, sin que Díaz pudiera o quisiera hacer gran cosa por evitarla. Así, el caldo de cultivo de lo que había de suceder estaba en su punto.

Y lo que tenía que ocurrir, ocurrió.

Fue la Revolución. La revolución de los campesinos mexicanos. La revolución de Emiliano Zapata, el hombre; el primer paso para llegar a convertirse en Emiliano Zapata, el mito.

Prólogo

— Las raíces del mal —

NUESTRO propósito real al escribir esta obra no es hacer panegíricos de nadie, exaltar a unos para derribar a otros o pintar con colores radiantes a unas personas para entintar sombríamente a otras. No, no es eso lo que resultaría ético ni objetivo en un trabajo que pretende, por encima de todo, reflejar una realidad concreta, conocida de todos, y tal vez no siempre trabajada en profundidad.

Muchos otros autores son los que han seguido fielmente la trayectoria de los revolucionarios mexicanos, pero sobre todo de sus dos indiscutibles líderes: Pancho Villa en el norte y Emiliano Zapata en el sur. Porque cuando se habla de uno u otro, se trate de quien se trate, inevitablemente se está describiendo la propia guerra revolucionaria que asoló México entre 1910 y 1919. Fueron diez años de luchas internas realmente sangrientas, una década entera en la que el país entero vivió los avatares de diversos gobiernos, de altibajos constantes en la política y en los campos de batalla, con todo lo que ello conllevaba de desconcierto e inseguridad para la propia sociedad mexicana.

Pero por ello mismo, cuando se elige a una figura concreta de esa revolución, en el fondo se está escribiendo una historia de la propia revolución, porque ésta no se entendería sin una personalidad como la de Emiliano Zapata, que es la que vamos a analizar y seguir minuciosamente a lo largo de nuestro relato.

Cierto que existen otros muchos factores y personajes que forman el variado mosaico del panorama revolucionario, puesto que acontecimientos así nunca surgen por generación espontánea, y ha de haber, forzosamente, un principio para todo, unas motivaciones más o menos directas, pero que a la larga, por acumulación de circunstancias, terminan por provocar el estallido.

El conflicto mexicano de inicios del siglo XX no es una excepción a esa regla. Hubo un mal, es cierto, porque toda guerra, y más cuando tiene carácter civil y enfrenta a hermanos contra hermanos, es el peor de los males imaginables. Pero las raíces de ese mal hay que buscarlas ya mucho antes de que los hechos y aconteceres del momento en sí se hicieran presentes.

Por ejemplo, no es nada desdeñable que, al iniciarse aquel siglo, un país tan extenso como Francia y España juntos, no hubiera modernizado ni reformado el ejército federal en la medida oportuna y adecuada a los nuevos tiempos. Mientras, por ejemplo, en países europeos como Italia el ejército podía reclutar en poco tiempo hasta 250.000 soldados, se daba la circunstancia deprimente de que México solamente disponía de efectivos limitados a unos 14.000 soldados.

Si algo sucedía en momentos así, era difícil imaginar que una fuerza militar tan reducida pudiese tener efectividad suficiente como para imponer autoridad alguna. Y así sucedió, llegado el momento, pese a los esfuerzos de los respectivos gobernantes por mejorar la situación.

Pero es en sí mismo un simple detalle de cómo estaban las cosas. Existían otros indicios preocupantes, como eran los vaivenes políticos de la relación con los Estados Unidos, los influyentes vecinos del norte. Y por si todo ello fuera poco, no había que olvidar que Europa toda estaba al borde mismo del estallido, que la posición de Alemania, Francia o Inglaterra podía tener su influencia en los países americanos, y no hablemos ya de cuando ese estallido fue una realidad, entre 1914 y 1918, al empezar la Primera Guerra Mundial, justamente cuando la revolución en México estaba en todo su apogeo, y cada gobierno que se sucedía en la capital federal se veía inevitablemente sometido a los vaivenes de la propia contienda europea.

Volviendo a la figura de Zapata y su entorno, conviene recordar aquí que, por ejemplo, uno de los héroes oscuros del relato, sobre todo letalmente oscuro para el propio Zapata, como fue Venustiano Carranza, presidente de México y verdugo directo de Zapata, había tenido un padre que apoyó con todas sus fuerzas a Benito Juárez y su lucha contra el imperio de Maximiliano. Sin embargo, llegado el momento, Carranza fue uno de los hombres que se vio obligado a prestar su colaboración, aunque a regañadientes en el fondo, a la revolución de Francisco Indalecio Madero.

Los contrasentidos abundaron en aquel período, con el vaivén de revolucionarios y partidarios de la revolución que luego daban un giro de ciento ochenta grados y se transformaban en antirrevolucionarios acérrimos, según fueran las cosas.

Todos estos factores iban a contribuir, y mucho, a los pasajes confusos del período revolucionario, que fueron muchos y no siempre lo suficientemente aclarados por sus protagonistas. Es posible que, como se dijera cuando tuvo lugar la Revolución francesa, ésta fuese en sí misma un monstruo capaz de devorar a sus propios hijos. Eso explicaría muchas cosas que, de otro modo, son verdaderos enigmas para la Historia.

Nosotros, en esta obra, no vamos a intentar descifrar misterios que no fueron desvelados entonces y que probablemente jamás lleguen a serlo. Nos limitaremos a ir dando constancia de ellos, en el seguimiento de los aconteceres más importantes de aquella lucha, en la que nuestro personaje central, Emiliano Zapata, fue parte tan decisiva y trascendente.

También él mismo nos irá ofreciendo su propia perspectiva de luces y sombras, porque, aunque de carácter muy concreto y psicología nada complicada, Emiliano dista mucho de ser un personaje plano. Hay singulares contradicciones en su vida, aciertos asombrosos junto a errores casi infantiles, que constituyen en realidad una personalidad mucho más compleja de lo que pueda parecer a simple vista.

Aquel hombre, sin embargo, iba a ser fundamental en la historia de la Revolución y del propio México, pese a su origen humilde y su carácter retraído, tan contrario a la fama y a la popularidad, fuera de su propia gente. Lo grande de Zapata es que, posiblemente, ni él mismo llegara a creerse nunca que era importante. No era personalista ni había egoísmo en su actitud ante la vida. Sencillamente, había hecho suyas una serie de revindicaciones, más ajenas que propias, aunque a él también le afectasen, y su tarea era la de conseguirlas a cualquier precio.

Eso es lo que vamos a intentar explicar a través de una serie de visiones de su propia existencia, de la de sus parientes, amigos y seguidores, y a la vez, porque no puede ser de otro modo, de toda la revolución en sí, porque mencionar a Zapata es mencionar la revolución. Uno no se entiende sin la otra. Ésta no se entiende sin el otro.

Esperamos que nuestra intención de ser objetivos salga triunfante, por mucha que sea la fascinación que la persona de Zapata despierte en nosotros. Porque sabemos que, como todo ser humano, él no podía ser perfecto. Y no lo era. Junto a grandes aciertos, ya hemos dicho que fue capaz de cometer equivocaciones tremendas, algunas de ellas decisivas. Sobre todo la última de su vida, claro está.

Pero ya llegaremos a eso en su momento. Ahora lo que se trata es de ver las raíces del mal que iba a asolar México en una larga lucha fratricida y sanguinaria como pocas. Y esas raíces, por cierto, no estuvieron nunca en los errores o en las actitudes personales de un Emiliano Zapata o de un Pancho Villa. No. Ellos fueron simples peones en un juego que se había iniciado mucho antes, con los pasos equivocados de otras personas que pudieron haber evitado el desastre.

Por ejemplo, a la muerte de un hombre tan carismático como Benito Juárez, le sucedería en el sillón presidencial Sebastián Lerdo de Tejada, quien a su vez sería sucedido por Porfirio Díaz, presidente por vez primera en 1876. A éste le sustituyó en el poder en las elecciones inmediatas Juan N. Méndez, con sólo un año de mandato, hasta 1877, en que volvió Porfirio Díaz, por un período de tres años, antes de ser presidente Manuel González, por otros cuatro años de legislatura, que devolverían el mandato una vez más a Porfirio Díaz, ahora ya de forma casi vitalicia hasta 1911, ya con la revolución abiertamente declarada contra él.

Ésas son otras de las raíces del mal, posiblemente las más fuertes y decisivas. Demasiados altibajos en el poder, demasiadas diferencias de matiz y de intenciones en sus gobernantes. Demasiada incertidumbre política y social, que tiene su más directa influencia sobre el pueblo llano, sometido a los avatares de tanta desorientación gubernativa.

Unos por débiles, otros por demasiado fuertes, sus gobernantes se olvidan de lo más importante, que es gobernar bien a todos por un igual.

Crecieron las oligarquías, se protegió en exceso a los grandes hacendados, se mimó en exceso a los intereses extranjeros en el país y se olvidó al trabajador humilde, al campesino, al pobre y al desprotegido.

Era inevitable que esos polvos trajesen estos otros lodos. Y así ocurrió. El mal cuyas raíces se habían alimentado tan insensatamente, acabó por hacerse presente en la sociedad más castigada.

Y estalló la Revolución.

Era la hora del pueblo. La hora de hombres como Emiliano Zapata.

Eso es lo que vamos a seguir ahora paso a paso.

PRIMERA PARTE
Zapata, el hombre

CAPÍTULO PRIMERO

— MÉXICO, FINES DEL XIX —

AUNQUE, paradójicamente, el año en que Emiliano Zapata vino al mundo el presidente de México era un político y militar de escaso relieve, llamado Manuel González, que había nacido en Matamoros cincuenta años atrás, lo cierto es que la vida y obra del joven revolucionario iba a estar marcada por la presencia política en su país de un hombre muy diferente, también militar, pero que, al revés de González, se iba a significar como uno de los hombres más famosos y controvertidos de la historia del país: Porfirio Díaz.

Ya anteriormente, Díaz había ocupado el cargo en dos ocasiones: una tras el mandato de Lerdo de Tejada, en el año 1876, y otra al ser sucesor de Méndez, entre 1877 y 1880. Pero ahora, en su tercera subida al poder presidencial, en 1884, iba a permanecer en el cargo nada menos que durante treinta y cuatro años, hasta 1911.

Cierto que, para tan prolongado mandato, Díaz necesitó modificar la Constitución de 1890, cosa que le permitiría ser reelegido de forma indefinida.

Cuando sustituyó a Sebastián Lerdo de Tejada, ya había dado muestras de su personal modo de entender la política presidencialista, puesto que depuso a su antecesor mediante un golpe de Estado. Algo parecido sucedería después con esa reforma constitucional, que le permitía convertirse ni más ni menos que en un dictador. El

13

ex seminarista y ahora militar y político Porfirio Díaz tampoco hizo gran cosa por ocultar la verdadera naturaleza de su totalitarismo, y el llamado «porfirismo» fue la calificación dada por sus detractores a su forma de dirigir los asuntos de la nación.

Ciertamente que abrió nuevas vías al progreso material de México e incluso trabajó por la conciliación de los partidos, pero paralelamente llevó a cabo una despótica represión contra todo opositor a su voluntad. Suprimió las libertades individuales, instauró una severísima censura sobre la Prensa, y tan sólo era permitido hablar de paz y de orden, sin meterse en más honduras.

Mientras industrializaba el país y fomentaba las obras públicas, todo su apoyo era para la alta burguesía, olvidándose totalmente de la pequeña, y no hablemos ya del proletariado y de los campesinos, por cuyo bien jamás movió un dedo. La tarea de industrialización de México no se le puede negar, lo malo es que siempre recurrió a compañías extranjeras, especialmente norteamericanas, concediéndoles toda clase de condiciones favorables, en detrimento de las empresas nacionales.

De este modo, sometido de una forma descarada a los Estados Unidos en cuanto a política, culturalmente se sometía también a otro país extranjero, en concreto Francia. Toda esta situación lleva a los trabajadores humildes del país a una situación desesperada, puesto que hace oídos sordos a toda protesta, especialmente cuando empieza la explotación agraria con la expropiación fraudulenta de las tierras comunes.

Ello hace que se instalen tanto en el norte como en el sur del país grandes terratenientes y latifundistas, dueños y señores de todo, teniendo que someterse los campesinos a sus duras condiciones si quieren sobrevivir. Es una supervivencia humillante, basada en la miseria y en la ausencia total de derechos frente al poderío de los propietarios. Se cometen excesos de todo orden con los asalariados, y quien no se somete a esas vejatorias condiciones se queda sin trabajo y sin sustento.

Resulta difícil imaginar cómo un hombre de los orígenes humildes y parcialmente indios de Porfirio Díaz pueda cerrar los ojos a esa cruda realidad que vive la parte más desfavorecida de su pueblo y que, como ocurre siempre en estos casos, es la más numerosa. Ademas, al presidente nadie le puede negar su honradez personal, su rectitud de carácter. Es un hombre enérgico, duro incluso, pero intachable a pesar de sus errores políticos.

Tal vez muchas cosas puedan explicarse cuando se entienda que Porfirio Díaz tuvo que enfrentarse previamente al poderío del grupo liberal tuxtepecano, al que pertenecía precisamente el general González, su antecesor como presidente del ejecutivo, y vencerle en las urnas gracias a que un grupo de jóvenes abogados planteó en el periódico *La Libertad* lo necesario que era para el país la existencia de un gobierno fuerte, bien organizado, ante la poca preparación de un pueblo para ser regido conforme a la Constitución de 1857.

De este grupo saldrían precisamente algunos de los ministros de Díaz. A causa de la impopularidad del general González, el partido tuxtepecano confió todas sus bazas a Justo Benítez, pero Porfirio pudo deshacerse de éste sin problemas, y tuvo vía libre para alcanzar el poder en su etapa más larga y decisiva.

Es cierto que ello pacificó el país, hubo un indudable auge económico y se modernizó considerablemente la hacienda pública. El tendido de vías férreas aumentó considerablemente, a medida que la industria prosperaba.

Paro todo ello tenía un precio demasiado costoso que, a la larga, el dictatorial presidente iba a pagar sin remedio, y una de las mayores equivocaciones iba a ser la proclamación de la llamada «ley del baldíos», que exigía que todas las tierras que habían pertenecido a comunidades y que se hallaban sin dueño fueran ocupadas por las compañías deslindadoras, todas ellas de origen extranjero, que fueron acumulando hectáreas y hectáreas de terreno fértil.

El latifundismo conoció un auge sin límites, alcanzando su máximo nivel especialmente en los estados del norte, como Coahuila, Chihuahua o Sonora. De ese modo, los peones se veían explotados hasta extremos inconcebibles, basándose en una táctica de venderles a crédito e irse cobrando de forma perpetua esas deudas a base del trabajo de los peones, que además eran heredables y pasaban de padres a hijos o de maridos a esposas.

La industria, sin embargo, seguía su camino de prosperidad, que tantos males enmascaraba, y en zonas como las de Monterrey u Orizaba florecían empresas tabacaleras, textiles, fundidoras o cerveceras, entre otras, a base de inversión masiva de capital extranjero. Aunque continuaba existiendo una considerable mayoría indígena, el mestizaje y la escasa importación de inmigrantes, poco propicios a integrarse en México, iban reduciendo paulatinamente su número. Incluso se recurrió a la construcción al estilo francés, en un intento por borrar las huellas españolas.

En suma, el México de aquellos momentos era una paradójica mezcla de progreso industrial y mercantil, económico y comercial, junto a una desproporcionada injusticia agraria. Cierto que en el terreno político Porfirio Díaz no tenía adversario de su talla. Su método era controlar el país desde un punto de vista centralizado, a través de relaciones personales con los gobernadores de cada Estado, que eran todos ellos incondicionales suyos. Éstos, a su vez, controlaban a los jefes políticos locales que, por su parte, vigilaban a los municipios.

Unido todo eso a un ejército perfectamente armado y disciplinado, completábase una maquinaria de mando perfecta, como se demostró en Tebabiate y Cajeme con motivo del levantamiento de los indígenas *yaquis,* al igual que en Sonora, que fueron fácilmente sofocados.

Pero la inquietud seguía latente en los ámbitos rurales, sin que ello, erróneamente, inmutase lo más mínimo la vida política en la capital del país. Pese a todos los logros obtenidos, era como vivir de espaldas a la realidad a lo largo de demasiados años.

Las minas también estaban siendo explotadas por empresas extranjeras, en especial norteamericanas, lo que llevó a que en Cananea, en Sonora, se produjese una huelga general contra los propietarios norteamericanos. También en ese caso concreto la fuerza militar entró en acción, y los principales dirigentes de esa huelga, Manuel

M. Diéguez y Juan de Dios Bojóquez, fueron conducidos a la prisión de San Juan de Ulúa.

Ése era el México de aquellos momentos, y por ello no resulta extraño que los malos vientos que soplaban en todo el país, especialmente en sus zonas agrarias, acabasen por traer tempestades para el futuro. El caldo de cultivo existía y, lo que era peor, se iba incrementando cada día más, a medida que la cuerda de la injusticia y la explotación se hacían más patentes entre los campesinos, cuyas protestas y quejas no tardaban en ser reprimidas con la máxima dureza por quienes llevaban las riendas del Gobierno.

En ese período concreto, un niño crecía repartiendo su tiempo entre la ayuda a sus padres en el trabajo y los juegos propios de su edad en los campos de azúcar que cultivaban, en el sur del país.

Ese niño era el hijo de los Zapata, el pequeño Emiliano.

Capítulo II

— Morelos, 1883-1911 —

Los Zapata eran familia de pequeños propietarios del estado de Morelos, concretamente de la localidad de San Miguel de Anenecuilco, importante zona azucarera del sur de México.

Allí iban a dominar también los norteamericanos la industria local, gracias a la nefasta política del latifundismo extranjero, ya que cuando Emiliano Zapata vino al mundo la explotación y recolección del azúcar era llevada a cabo por los indígenas nativos que formaban el vecindario agrícola de la región.

El matrimonio Zapata, de origen indio, estaba formado por Gabriel Zapata y Cleofás Salazar. Tuvieron diez hijos, de los cuales el noveno era Emiliano, nacido según muchos historiadores en 1883, y según otros en 1879. No existe un acuerdo real sobre la fecha concreta, ya que, si fue la primera, Emiliano nació cuando gobernaba México Manuel González, y si fue en la segunda fecha, resultaría que nació realmente durante el segundo mandato de Porfirio Díaz. Lo que sí es seguro es su fecha de nacimiento en cuanto a día y mes: el 8 de agosto.

Nació con una mancha en el pecho, en forma de manita hundida en la piel. Lo que no era sino un lunar, se convirtió en una especie de señal premonitoria para cuantos le conocían y vivieron después su carrera revolucionaria.

Su padre, don Gabriel, se dedicaba a la cría de animales, motivo por el cual el joven Emiliano iba a tomar una desmedida afición por los caballos. Tuvo una primera yegua, pequeña, que llamó *La Papaya*.

Pero aparte esas aficiones hípicas, Emiliano era un hijo trabajador y laborioso, obediente y esforzado, que trabajaba con entusiasmo tanto en las labores agrícolas como en las de casa. Fue durante sólo dos años a la escuela, en compañía de su hermano Eufemio, pero lo cierto es que tampoco asistían con gran regularidad a las clases, ya que sus tareas eran en esos momentos más importantes para la familia que su propia educación.

Se narra por uno de sus biógrafos una anécdota de su vida, perteneciente a su infancia, que de ser cierta, y parece que lo es, marca ya un poco el carácter que iba a definirse en aquel muchacho andando el tiempo. Se dice que, cuando sólo contaba nueve años, fue testigo de algo que tal vez marcó su vida de modo indeleble.

Sucedió ello cuando el propietario de una hacienda vecina de Cuahuitxtla se apoderó por la fuerza de una parte de las tierras de la región de Anenecuilco, entre las que se hallaba una perteneciente a los Zapata. Aunque algunos campesinos trataron de resistirse a ello, el expoliador trajo gente armada y en mayor número, que les obligó a rendirse y escapar de allí. Según dicen, don Gabriel lloró amargamente esa injusticia. El pequeño Emiliano, acercándose a él, le preguntó:

—¿Por qué llora, padre?

Y él le respondió:

—Porque nos quitaron la tierra.

Emiliano meditó unos momentos, antes de preguntar de nuevo:

—¿Quiénes se la quitaron?

—Los amos.

—¿Y por qué no luchan ustedes contra ellos?

—Porque son más poderosos que nosotros.

Entonces, el niño, con rara seriedad, lanzó una promesa:

—Pues cuando yo sea grande, haré que se las devuelvan.

Promesa que, andando el tiempo, iba a cumplir con creces. Eso da ya una idea del ambiente en que iba a crecer aquel niño de ojos penetrantes, piel morena y facciones enérgicas. Rodeado de injusticias por doquier, ante él iban a desfilar los resultados del latifundismo, el triunfo de los caciques, las injusticias sociales y las penurias económicas de sus vecinos y amigos y de ellos mismos.

Eso, forzosamente, iba a moldear de un modo inexorable su modo de ser y perfilar su carácter. Su escasa formación cultural no iba a ser obstáculo para que su entendimiento se sublevase contra muchas de las cosas que presenciaba e incluso vivía en sus propias carnes y en las de sus seres queridos, como prueba la anécdota antes mencionada.

Cuando Emiliano alcanzó los dieciocho años, ya habían muerto sus padres, aunque don Gabriel, pese a todo, pudo dejarle de herencia un poco de tierra y ganado, herencia bien pobre por cierto, pero a la que Emiliano iba a saber sacar excelente provecho. Utilizando unas pocas mulas, se dedicó a acarrear diferentes productos, entre ellos material para la construcción de la hacienda de Chinameca, sin sospechar por entonces que en ese mismo lugar, al correr de los años, el destino le tenía reservado un fatídico final. Era como si ese caprichoso destino le llevara por enigmáticas sendas, para colaborar extrañamente en la construcción del que iba a ser escenario de su propia muerte.

Pero eso entonces ni él ni nadie podía siquiera imaginarlo, y el duro trabajo del joven le iba a permitir mejorar considerablemente su hacienda. Se hizo un formidable jinete y un tirador de primera clase, ya que siempre estaba cabalgando y practicando el tiro. De igual modo, le encantaba montar toros, ponerles banderillas y picarles, sabiendo torearlos tan perfectamente a caballo como a pie.

Más tarde, la letra de un corrido pregonaría alabanzas en torno de su figura, que poco a poco se iba haciendo legendaria entre los que le conocían.

Esa letra decía en uno de sus párrafos:

«Montando con garbo en yegua alazana,
era charro de admirar
y en el coleadero era su mangana
la de un jinete cabal.
Una rana en un charquito
cantaba en su serenata:
—¿Dónde hubo un charro mejor
que mi general Zapata?»

En algunas ocasiones, su activismo en favor de los explotados, enfrentándose abiertamente a los patronos, le ocasionó problemas con las autoridades locales, que terminaron en arrestos y días de cárcel, cuando no en algún que otro castigo corporal aplicado por los severos funcionarios del municipio, y en ocasiones por los propios servidores de los caciques locales.

En una ocasión tuvo que enfrentarse al administrador de la hacienda del Hospital al impedirle éste el paso a las tierras comunales, que el hacendado reclamaba como si fuesen propias. Solamente con veinte años, ya tuvo un enfrentamiento con las autoridades gubernamentales de Porfirio Díaz.

Sucedió durante una partida de cartas con un empleado de la hacienda de Cuahuitxtla. Su oponente hizo trampas, ello irritó a Emiliano y la cosa terminó en pelea. Los rurales intervinieron en la disputa, llevándose a Emiliano a Cuautla. Enterado de lo que sucedía, su hermano Eufemio fue tras ellos, tomo por un atajo y se cruzó en el camino de los rurales, liberando a su hermano por la fuerza.

Esto les obligó a desaparecer del lugar durante cierto tiempo, para no sufrir las duras represalias de los agentes del Gobierno, y la noticia corrió de boca en boca, despertando la admiración de todos sus vecinos. Por entonces, enfrentarse a los rurales era una acción al alcance de muy pocos, pero caer en manos de éstos significaba sin duda la cárcel por una larga temporada, cuando no males mayores. Sin embargo, ya alguien en Morelos había plantado cara a las fuerzas de Díaz, y eso significaba mucho para toda aquella gente oprimida y desesperada. Lentamente, la figura de los hermanos Zapata, sobre todo la de Emiliano —«Miliano» le llamaban cariñosamente todos los que le conocían—, iba cobrando fuerza entre los suyos, y se moldeaba paso a paso la que iba a ser su leyenda.

Para evitar a los rurales, Emiliano se alistó en el ejército, donde aprendió cosas que luego iban a serle útiles en su agitada vida. Estrategia, dotes de mando, sentido de la disciplina y de la responsabilidad, eran cosas que él conocía muy vagamente cuando se alistó y que, tras el corto período que duró su vida castrense, ya tenía mucho más asumidas. Regresó a su pueblo natal, donde cada vez iba a sentirse más identificado con el sentir de los agricultores de la zona.

¿Cómo era realmente Emiliano Zapata?

Es algo que muchos se han preguntado, incluso biógrafos suyos y personas que se dedicaron a estudiar su personalidad. Existen diversas interpretaciones en torno a tan singular personaje, al que muchos no dudan en calificar como «el hombre más puro de la Revolución». Ciertamente, resulta difícil ver a Emiliano doblegarse a los mandatos de ninguno de los diversos gobiernos para que eligiese la paz y volviera a su vida rural. Siempre rechazó esas exigencias, y se mantuvo fiel a sus principios y convicciones, mandase quien mandase.

Por ello jamás se ha conocido en él la más leve traición a su causa, ni una vacilación o un desfallecimiento en mantenerse firme en su postura. Jamás dejó de luchar por la tierra y por su gente, lo que explica que todos le siguieran con fidelidad, puestas sus esperanzas en él.

Alguien lo ha descrito con estas palabras en cuanto a su físico:

> «... no era ni muy chaparro ni muy alto, tenía un cuerpo regular, con grandes bigotes y un lunar en el párpado de un ojo... Era lacio y muy misterioso.»

Posiblemente «misterioso» no fuera la palabra adecuada, aunque en esta descripción —hecha por una mujer que le conocía bien— se utilice. Podría afirmarse de él que era más bien hermético, desconfiado y bastante receloso. No tenía excesiva fe en la sinceridad de los demás, poseía un temperamento fuerte, un carácter duro y mucho temple; pero, pese a ello, su apariencia y ademanes eran tranquilos.

Uno de sus seguidores dijo de él:

> «Era un hombre sumamente amable... Les hablaba a todos como un padre... Si nos ordenaba ir al ataque, íbamos felices y nadie se echaba atrás...».

Lo que sí se sabe de él es que era hombre que gustaba de la soledad, aunque más adelante veremos que su vida sentimental fue rica en experiencias. Era entre ascético y melancólico. No era hombre que hablase mucho, y cuando lo hacía se expresaba con voz algo nerviosa y entrecortada, aunque sí con mucha rapidez, sin vacilaciones. Buen conocedor de la gente, también era un excelente observador, capaz de captar cualquier cosa al instante.

Cuando tenía que tomar decisiones, las meditaba previamente con sumo cuidado, sin lanzarse irreflexivamente a realizar sus actos. Si daba su palabra, para él era mucho más importante que cualquier firma, y una promesa era algo sagrado, por lo que no entendía ni toleraba la traición ni el engaño. Tal vez por esa misma fe en la palabra y por no entender de traiciones, su destino iba a ser el que fue.

Cuando se hizo caudillo de la Revolución, algunos de sus mandos se excedieron en sus actos y cometieron abusos. En cuanto Emiliano se enteraba de algo así, su decisión era implacable: ordenaba el fusilamiento de quien hubiera abusado de algo o de alguien. Sin ser nunca cruel, no dudaba en castigar a quien lo mereciese, más por respetar la dignidad de los perjudicados que por imponer su autoridad. Eso lo confirma uno de sus propios hombres, quien dejó escrito este comentario:

> «No fue hombre malo ni arbitrario. Al contrario, cuidaba de la dignidad de la gente. Si mataba una res, hacía avisar a todos para compartirla.»

Siempre gustó vestir de charro, aunque su gente llevase las ropas campesinas habituales, formadas por calzón y camisa de manta. Él solía ir casi siempre con pantalón ajustado, camisa blanca, mascada de seda, chaqueta bordada y sombrero jarano.

Es ésa, pues, la imagen que permanece en el recuerdo cuando se habla de Emiliano Zapata, el líder más carismático de la etapa revolucionaria, junto a Pancho Villa en el norte. Pero, indudablemente, Zapata supera al caudillo nordista en cuanto a personalidad y facetas enigmáticas de la misma, así como en otros aspectos. Para muchos, fue el líder indiscutible de toda una época, el hombre capaz de aglutinar en su persona la admiración de las mujeres, el afecto y la lealtad de los hombres... y, por supuesto, el odio y el rencor de sus enemigos.

Todo ello empezaba a dibujarse ya sin duda en la incipiente figura del joven Emiliano, a su regreso del ejército y su renovado contacto con los suyos, la gente humilde y sencilla de San Miguel de Anenecuilco. Allí nadie podía olvidar que era el único que había sido capaz de enfrentarse, al mismo tiempo, a los latifundistas y explotadores de la comarca y a los propios rurales de Porfirio Díaz, tan temidos por todos.

Esa personalidad suya, unida a su natural rebeldía contra las injusticias, le convertían en un hombre de indiscutible carisma ante sus camaradas y vecinos. Muchos de éstos empezaban tal vez a vislumbrar en él al líder arrollador que sería andando el tiempo.

Y, en efecto, el joven Zapata tenía madera de líder, como iba a demostrar muy pronto.

Hasta San Miguel de Anenecuilco llegaban noticias, y algunas de ellas resultaban esperanzadoras para los que casi habían llegado a perder toda esperanza de que las cosas mejorasen alguna vez. En 1907, en Río Blanco, Veracruz, estallaba una sonada huelga de obreros textiles, que sufrió una represión excesiva por parte de las tropas gubernamentales. Muchas zonas del país empezaban a convulsionarse, y las duras represiones no hacían sino aumentar el descontento obrero, ante la indiferencia de la alta burguesía mexicana.

A principios de 1909, la aparición del libro de Andrés Molina Enríquez, titulado *Los grandes problemas nacionales*, ponía el dedo en la llaga, al formular todo un catálogo de problemas socioeconómicos, y señalaba de ese modo la desastrosa distribución de las tierras, así como las condiciones en que se hallaban las diversas clases y grupos raciales de México.

Esa obra, así como la de un tal Francisco Indalecio Madero, publicada en 1910, *La sucesión presidencial en 1910*, en que exigía casi a voces la organización de un partido auténticamente democrático, empezaban a minar en cierto modo la hasta entonces solidísima posición política de Porfirio Díaz en el poder.

Ello llegó a tal punto que el propio Díaz, en l908, anticipándose ya un poco a lo que se veía venir, había anunciado públicamente que se retiraría en 1910 y que vería gustosamente la presencia de una oposición bien organizada. Lo cierto es que no iba a cumplir esa promesa, y eso ya se lo temían la mayor parte de los campesinos y obreros de todo el país.

Emiliano Zapata era uno de los que menos creían en la palabra del presidente, y precisamente en 1909 decidió ya abiertamente dedicarse a una política activa que fuese más allá de simples algaradas locales y enfrentamientos con el municipio por todo desahogo.

Antes de cumplir treinta años, Emiliano estaba metido hasta el cuello en los compromisos políticos de su pueblo natal, luchando por sus libertades lo más discretamente que le era posible y preocupándose por llevar a cabo todo aquello que fuese útil a la comunidad que tanto amaba y a la causa de aquellos a quienes consideraba como suyos, aunque no tuviese parentesco familiar con ellos. Su sentido de la amistad era ya por entonces algo inquebrantable, pero no hacía falta ser amigo suyo, sino simple convecino, para que el joven Emiliano luchase con toda su alma por sus derechos.

Llevaban ya más de dos años en Anenecuilco, justamente desde 1907, gestionando activamente ante el Gobierno federal de Díaz en busca de la restitución de unas tierras que los hacendados más poderosos de la región habían usurpado claramente a sus dueños. Para 1909, ya sin esperanzas, los veteranos representantes de la política local habían empezado a perder toda confianza en ser atendidos, ya que la respuesta del Gobierno era prácticamente nula y, si alguna llegaba, era tan vaga y evasiva como si no dijesen nada.

Ellos se sentían ya demasiado mayores y desalentados para proseguir con todo aquello, y no dudaron en proponer al joven Zapata que les sustituyera en la tarea. Entonces, en un referéndum popular entre todo el pueblo, terminaron por elegir para sucederles en esa responsabilidad a Emiliano, nombrándole presidente de la Junta de Defensa de San Miguel de Anenecuilco.

El elegido aceptó gustoso el cargo, pensando en lo que podía hacer desde él por el bien común, y no como motivo de satisfacción personal, prestigio o ambición política, que de todo eso nada sabía el joven, siempre más preocupado por los problemas ajenos que por sí mismo.

Pero, naturalmente, Zapata no solamente iba a tener en cuenta a sus posibles enemigos en la capital federal, sino que en el propio pueblo contaba ya con abiertas enemistades entre las clases más altas y acomodadas. Él había sabido ganarse a pulso esa animadversión —y muy gustosamente por cierto—, con anterioridad al ejercicio de su flamante cargo, ya que los burgueses más prepotentes de la localidad sabían bien de sus esfuerzos por proteger al pueblo llano y al campesinado de la rapiña de los más fuertes.

Es por ello que Zapata comenzó su labor con el antagonismo abierto de la clase alta del lugar, lo que, unido a la escasa colaboración y nulo entusiasmo de las autoridades de la capital para escuchar sus demandas, hacía su labor harto complicada.

Otro de los motivos por los que Emiliano era mal visto por la alta burguesía local, era porque ya con anterioridad había participado en un movimiento de oposición realmente serio, para apoyar la candidatura de un gobernador que distaba mucho de ser del gusto de los hacendados de todo Morelos, como Patricio Leyva, que, por si fuera poco el tener contra él la hostilidad de las autoridades locales, no gozaba de simpatía alguna en el gobierno de Porfirio Díaz ni menos aún en el criterio de éste.

Pero la lucha continuaba, a pesar de todo, entusiásticamente apoyada y promovida por el joven Zapata, que participó de forma activa en una reunión de todos los opositores a la política oficial del momento, en la cercana población de Villa de Ayala, donde se propuso por vez primera el nombre de Francisco Ignacio Madero como posible presidente de la república, enfrentándolo a Porfirio Díaz. Esta junta era presidida por el maestro Pablo Torres Burgos, buen amigo de Emiliano y ardiente defensor de la misma causa.

Como es de suponer, los esfuerzos por designar al cargo de gobernador de Morelos a Leyva fracasaron totalmente, y el nuevo gobernador era Pablo Escandón, hombre afecto a Díaz y ganador de aquel cargo a un alto precio de actos violentos y de abusos de poder.

Pese a que no albergaban demasiadas esperanzas de ser oídos, los ciudadanos de San Miguel, bajo los dictados de Zapata, escribieron a Escandón, pidiendo que les protegiesen para poder llevar a cabo la siembra de sus tierras. Se temía, muy fundadamente, que la más poderosa de las propiedades locales, la hacienda del Hospital, llegase a despojarlos de ellas, con el beneplácito de los políticos de Morelos y de la capital mexicana. La respuesta de Escandón fue la que todos temían previamente. El nuevo gobernador se limitó a decirles que la decisión dependía por completo de la gente de esa misma hacienda.

Enterados los de la hacienda del Hospital de todo ello, se apresuraron a decirles a los campesinos, con todo el cinismo del mundo, que si la gente del campo de Anenecuilco quería sembrar, podía hacerlo en macetas.

Mayor sarcasmo, en una situación tan desesperada como la que pasaban los campesinos del lugar, no era posible imaginar. Zapata, colérico, aunque sabiendo dominar siempre sus impulsos, insistió en el empeño personalmente, intentando convencer a los poderosos hacendados, pero éstos le hicieron el mismo caso que a las anteriores requisitorias, sabiéndose apoyado por el gobernador local y por el Gobierno de la república.

Zapata recibió la misma respuesta, o parecida, negándole a su gente el mínimo derecho a la supervivencia que les quedaba. Esto no podía traer nada bueno, porque el campesinado estaba furioso y desilusionado. Y Zapata, por su parte, indignado y lleno de ira contra aquella cruel cacicada.

Por ello no es de extrañar que, de repente, tomara una drástica decisión. Ya que los procedimientos legales no servían para nada, y era imposible arreglar las cosas por las buenas, ahora se haría por las malas. Tomó la determinación firme de ocupar las tierras que eran suyas por la fuerza.

Al mismo tiempo, y tratando de apurar todos los medios pacíficos, envió una comisión a dialogar con Porfirio Díaz, pidiéndole la devolución de esas tierras por cauces legales y sin violencias. Era un momento crucial, porque nada o muy poco esperaban todos de esa maniobra.

Paro tuvieron la fortuna de que Díaz fuese consciente en ese preciso trance de lo dañado que estaba su prestigio en algunas esferas del país, y más en las que resultaban menos favorecidas. Por otro lado, Díaz era ya un hombre de edad avanzada y que conocía muy bien cómo se las gastaban los campesinos de Morelos cuando las cosas se les ponían demasiado feas.

Sorprendentemente para todos, en esta ocasión el gobernante del país cedió, autorizando a los convecinos de Emiliano a que ocuparan pacíficamente las tierras y procedieran a su sembrado.

Esto resolvió la tensa situación: la hacienda del Hospital tuvo que aceptar de mala gana la decisión del Gobierno, Escandón ocultó su ira y su humillación lo mejor que pudo, y la habilidad negociadora y a la vez activa de Zapata obtuvo sus frutos, con lo que la admiración y afecto de todos hacia su persona aumentó de grado todavía más.

Díaz no había sido débil porque sí, ya que su deterioro y el de su autoritario régimen eran evidentes. La prueba estaba en que el movimiento rebelde, encabezado por Madero, iba cobrando fuerza en todo el país. Había quien, jocosamente, comentaba:

—¿Y qué cosa es esa revolución de Madero, porque «madero» le decimos a la Santa Cruz. Pero sea lo que sea esa cosa de Madero, lo cierto es que ha estallado la guerra por el norte.

Era verdad. Las hostilidades se rompieron abiertamente entre los seguidores de Madero y los porfiristas. La alta burguesía empezaba a temblar, temiendo perder sus enormes privilegios y dejar de ser la clase mundana y todopoderosa que hasta entonces había sido, gracias al apoyo de Díaz a sus privilegios como dueños de miles de cabezas de ganado, ricas minas y tierras extensas, en contraste con aquellos que no tenían nada, que pasaban hambre y que, por si esto fuera poco, eran expoliados sin piedad por los poderosos terratenientes del país.

Se sabía que con Madero, en el frente del norte, luchaba otro revolucionario carismático, Pancho Villa, antiguo bandolero unido ahora a los ideales del adversario político de Porfirio Díaz. Fuese como fuese, esa guerra era un hecho y significaba el principio de una nueva era, tal vez el final mismo del porfirismo.

En el sur, Zapata tuvo noticias de que Madero había publicado el llamado Plan de San Luis, y en éste encontró el joven sureño una mención específica que despertó de inmediato su interés.

Se hablaba allí, en su artículo tercero concretamente, de ofrecer a los pequeños propietarios la restitución de las tierras que les habían sido arrebatadas ilegalmente, a causa de los abusos de los grandes propietarios y las leyes federales de Díaz, que apoyaban ese expolio.

Esa mención atrajo su interés total por la campaña de Madero, y decidió unirse a su movimiento de inmediato. Es evidente que esta afiliación a la causa de la incipiente revolución iba a aumentar de modo considerable las proporciones de su reciente y pequeña victoria en Anenecuilco.

Las cosas tomaban ya cuerpo definitivo y Zapata veía claro el camino a tomar. Por ello, el 11 de marzo de 1911, Emiliano Zapata se alzaba en armas contra Porfirio Díaz y su Gobierno. En diversas regiones de Morelos, otros jefes tomaron la misma decisión, y la revuelta fue un hecho.

Yautepec, un pequeño pueblo, fue el primero en ser tomado por los insurgentes, y poco después era Cuautla la que caía en manos de los hombres de Zapata. Ante esas victorias, Emiliano arengó a todos los pueblos de Morelos a reclamar sus tierras de forma perentoria. Era el momento de aprovechar la debilidad de una clase rica asustada por lo que se les venía encima, y a la que Díaz no podía proteger, acosado como estaba en el norte por las fuerzas maderistas.

La victoria de la revolución se veía venir, y no resultaba extraño que solamente semanas después, concretamente el 7 de junio de 1911, Francisco Ignacio Madero entrara triunfalmente en México, siendo recibido como un libertador por las clases media y baja, mientras los mundanos y ricos burgueses protegidos de Díaz debían ceder en sus privilegios, o bien buscar en la fuga la salvación de sus personas, tras muchas de las infamias y abusos cometidos cuando detentaban el poder.

Emiliano Zapata era uno de los miles de mexicanos que aclamaban al triunfador Madero en la estación de ferrocarril en la ciudad de México, consciente de que la revolución había triunfado y las cosas iban a ser ahora muy diferentes en todo el país. Lo cierto es que se equivocó totalmente, como pronto iba a verse, pero en ese momento de euforia nadie podía pensar que Madero no cumpliría sus promesas, ni tan siquiera el propio Zapata.

Madero, agradecido por la campaña triunfal del luchador sureño en Morelos, se apresuró a invitar a Zapata a su mesa, y el joven líder aceptó complacido la invitación, seguro de que nada malo podía surgir de su entrevista con aquel hombre que tanto significaba para las clases humildes y campesinas.

Fue durante esa comida cuando Madero se descolgó con algunas demandas que no dejaron de sorprender a Zapata, pero que acabaron arrancándole respuestas afirmativas, porque todo parecía ser tal como aseguraba al propio Madero:

—Ahora es necesario licenciar a las tropas revolucionarias y acatar la legalidad sin más violencias. Es el momento de la paz.

Parecía razonable, y Emiliano aceptó con una sencilla respuesta:

—Lo que a nosotros nos interesa, por encima de todo, es que sean devueltas las tierras a los pueblos y que se cumplan las promesas que hizo la Revolución.

Madero le prometió formalmente que todo se iba a hacer así, y de un modo legal, con nuevas leyes que favoreciesen la restitución de esas tierras a sus legítimos dueños, pero que eso llevaría un cierto tiempo, a causa de la lógica burocracia política.

Emiliano, que sabía mucho de todo eso, porque había vivido interminables trámites legales, que además casi nunca habían servido de gran cosa, aceptó también ese extremo, sabiendo que deberían armarse de paciencia hasta que todo estuviera resuelto de una manera definitiva.

Ésa fue le causa de que Zapata, siguiendo las instrucciones de Madero, que él creyó de buena fe, licenció a sus hombres, ya que confiaba de un modo ciego en el nuevo gobierno democráticamente elegido, así como en las promesas que habían dado cuerpo a la revolución y que ahora, tras la victoria, Madero confirmaba de palabra. No podía dudarse de esas evidencias, y Emiliano no dudó, deseoso como estaba de que la restitución de las tierras se hiciera de un modo pacífico y definitivo. Era el sueño por el que todos habían luchado, y por el que la victoria les había sonreído.

En otros lugares de este relato mencionaremos otros detalles de las entrevistas de Zapata con Madero y de la mutua simpatía que parecía asistir desde un principio entre ambos.

Pero Madero iba a cometer varios errores a partir de ese momento: uno, confiar el mando de sus fuerzas militares a hombres eminentemente porfiristas; otro, ser demasiado débil en manos de esos mismos porfiristas y de otros enemigos de la Revolución más o menos encubiertos.

Cierto que, cuando supo que en Morelos las cosas iban mal, Madero intentó arreglar las cosas, viajando a Cuernavaca para entrevistarse otra vez con Zapata y tratar de resolver el problema lo mejor posible. Logrado un acuerdo entre los dos hombres, Madero se dispuso a cumplir fielmente su promesa y empezar la nueva legislación que permitiera la devolución de tierras.

Pero el general Victoriano Huerta, otro notable porfirista, aprovechó el momento para, una vez de regreso Madero a la capital de México, iniciar la guerra contra la gente de Morelos. Aunque Madero nada sabía de eso, Zapata creyó que era una traición suya, y rompió toda relación con él. El gobierno provisional de De la Barra apoyaba las acciones de Huerta y ponía la zancadilla así a las buenas pero débiles intenciones de Madero. Cuando éste llegó al poder, ya era tarde. La ruptura entra Emiliano Zapata y él era definitiva, y ya nadie iba a poder arreglar la situación.

Saber lo que hubiera sido de la Revolución, si Madero hubiese tenido más carácter y no se hubiera dejado manipular y dominar por destacados y recalcitrantes porfiristas que no le perdonaban haber logrado el derrocamiento de su jefe, es entrar en el terreno de lo hipotético. Intentar averiguar cómo hubieran transcurrido los acontecimientos si Zapata y él hubiesen mantenido su alianza y no hubiera habido lógicas desconfianzas por parte del sureño, es exactamente lo mismo.

No se puede adivinar lo que nunca ha llegado a ocurrir, aunque sí se puede especular con ello, y es indudable que nunca hubiese tenido lugar la dictadura sangrienta del general Huerta, ni el trágico final del propio Madero, traicionado por su gente, ni muchas de las cosas que después tendrían efecto, encadenando circunstancias dramáticas que ningún bien hicieron ni al país ni a su gente.

Fue uno de los momentos cruciales de la Historia, y el capricho del destino quiso que las cosas ocurrieran como no tenían que ocurrir. Existirían otras encrucijadas en aquel arduo camino hacia la democracia y le libertad, como se irá viendo a medida que sigamos la trayectoria del propio Zapata, así como en ocasiones la de un hombre que, de haber sido también aliado suyo por un tiempo, pudo haber cambiado la Historia. Esa hombre era Pancho Villa. Pero, como veremos en su momento, y tras el paso de Madero por el poder, esa unificación tampoco se llevó a cabo y es probable que todo ello condujese finalmente al fracaso de la revolución soñada por Zapata y por su pueblo.

Pero las cosas ocurrieron así, y Zapata no tuvo culpa de que no fuesen de distinta forma. Él puso toda su alma en la lucha y demostró su capacidad de líder y de luchador. Lo demás fue ajeno a él y a su empeño.

Volviendo la vista atrás en los cruciales acontecimientos que estamos narrando, vemos que la propia vida de Emiliano fue muy diferente de la que, con toda seguridad, su padre había imaginado para él.

Porque, ¿cómo iba a suponer, el bueno de don Gabriel Zapata, que uno de sus numerosos hijos, aquel mocito moreno y algo huraño, al que todos llamaban afectuosamente «Miliano», iba a llegar a convertirse en una figura nacional de tanto relieve? ¿Cómo sospechar, en su humilde cuna, en aquellos campos, entre siembras y caballos, que su novena criatura se elevaría hasta los puestos más altos de la nación, convertido en el caudillo de los necesitados y de los expoliados?

Y lo cierto es que, de no darse esos expolios y esos abusos de los poderosos, el muchacho tal vez hubiera sido un peón más entre tantos otros, un mozalbete que, una vez alcanzada la pubertad, tendría su novia formal, sus hijos, su hogar y su terrenito propio para la siembra, sin más preocupaciones ni aspiraciones que todos sus humildes convecinos.

Fue necesario que ocurrieran una serie de injusticias y de abusos de poder, que iban desde la capital de la nación y desde su Gobierno hasta los corruptos gobernadores locales, para que el joven Emiliano despuntase entre todos, diera rienda suelta a su temperamento y a sus instintos, para que toda su vida cambiara de forma radical, tal vez sin quererlo.

Porque, repasando los hechos de aquellos días, vemos que los años de 1909 y 1910 iban a ser el punto crucial que marcara su destino, el momento decisivo de su existencia y de su futuro.

De ser un simple campesino más, pasó a preocuparse por su gente, por su familia, por sus amigos y sus vecinos. Viendo los sufrimientos injustos que pasaban, su modo de ser cambió. Dejó de pensar como uno más, y al ver que ni siquiera los mandos de su región eran capaces de arreglar aquella situación injusta, tomó la decisión que iba a dar nacimiento a un nuevo y desconocido Emiliano Zapata.

Resolvió enfrentarse a las autoridades locales a través de las urnas, y el éxito le sonrió. Fue arrolladoramente elegido como alcalde de San Miguel, al tiempo que le otorgaban el cargo de presidente de las juntas de la región, así como protector de los campesinos pobres que ocupaban las grandes haciendas.

Emiliano Zapata empezaba a ser alguien, al menos en su pequeña ciudad natal y sus tierras. Era el principio del camino. Un camino que había de llevarle, no tardando mucho, a lugares infinitamente más importantes..., aunque también mucho más peligrosos.

Mientras esto sucedía en aquel rincón de Morelos, en la capital se celebraban en 1910 las fiestas del centenario de la Independencia de México. Coincidiendo con esos festejos, el entonces secretario de Instrucción Pública, Justo Sierra, restablecía la Universidad Nacional, que había permanecido cerrada desde los tiempos del emperador francés, Maximiliano.

Llegaban las elecciones a la presidencia de la nación, y un partido opositor a Díaz, el llamado Partido Antirreeleccionista, que se oponía a aquella especie de vitalicia reelección proclamada por el «porfirismo», presentó frente a él una candidatura formada por Francisco Vázquez Gómez y el autor del libro *Le sucesión presidencial en 1910*, Francisco Indalecio Madero. Aquellas elecciones iban a resultar sonadas, porque sus resultados, favorables como siempre a Porfirio Díaz, fueron impugnadas por Madero de forma inmediata.

Esa impugnación trajo consigo el encarcelamiento de Madero, al que se envió a la prisión de San Luis de Potosí. Pudo escapar a San Antonio, en Texas, y desde allí redactó un plan revolucionario, en el que, fundamentalmente, presentaba su protesta contra la burla al sufragio y por el sistema de reelección indefinida. Al mismo tiempo, prometió corregir los abusos en que había incurrido la llamada «ley de baldíos», dando protección a los perjudicados por la política agraria del Gobierno.

Los tiempos empezaban a ponerse turbulentos, y la gota que colmó el vaso tuvo lugar en Puebla, cuando las fuerzas gubernamentales atacaron a su aponente, Aquiles Serdán, el 18 de noviembre de aquel mismo año. Ello desató una corriente de fuerte disgusto en la opinión pública, la tensión se disparó en todos los sectores y, solamente cuarenta y ocho horas después, el 20 de noviembre de 1910 se convirtió en una fecha histórica para el país. Fue el día en que estalló la Revolución.

Era el momento que muchos habían estado esperando, la ocasión en que surgirían los descontentos y los desesperados, para hacer frente común contra sus opresores, de norte a sur del país. Las noticias corrieron como auténticos regueros de pólvora y estallaron las revueltas populares, encabezadas por los hombres más carismáticos de la oposición a Díaz.

Mientras en el norte apoyaban a Madero personas del prestigio popular de Pascual Orozco y Pancho Villa, que empezaron a proporcionar sonados triunfos a las tropas revolucionarias, enfrentándose a las fuerzas gubernamentales y, por vez primera, logrando derrotarles y ponerles en fuga, en el sur emergían Pablo Torres Burgos y el propio Emiliano Zapata que, apoyando incondicionalmente el Plan de San Luis presentado por Madero, lanzaron a sus fuerzas leales contra las del Gobierno, con éxitos notables en diversos campos de batalla.

Las fuerzas campesinas del sur, como las del norte, eran agrupadas e instruidas por el propio Zapata, que pronto se convertiría en el hombre capaz de aglutinar todas las acciones y dar consistencia militar a lo que en un principio solamente había sido un puñado de acciones aisladas e inconexas de los campesinos sublevados.

El joven Emiliano poseía indiscutibles dotes de mando, sentido de la estrategia y, sobre todo, una gran personalidad entre sus hombres, capaces de ir con él hasta donde fuese preciso. Eso hacía que el nuevo ejército creado por Zapata tuviere la moral y capacidad suficientes para enfrentarse con garantías de éxito a la represión y resistencia de las fuerzas regulares enviadas para sofocar el levantamiento. Varias victorias continuadas, en otros tantos enfrentamientos armados, acrecentaron el prestigio del joven caudillo y empezaron a sembrar de dudas a muchos sectores políticos y militares mexicanos, que veían en el sur del país una amenaza tan real y tangible como la de Pancho Villa y sus huestes en el norte. Al mismo tiempo que aumentaba la popularidad y carisma de Emiliano, iba aumentando también progresivamente la cuantía de hombres a su mando, hasta formar un verdadero ejército, capaz de empresas más notables.

No resulta extraño, por tanto, que en el mes de marzo de 1911, tras diversas campañas triunfantes, Zapata lograse asaltar y tomar la ciudad de Cuernavaca, capital del estado de Morelos, tras una dura lucha en la que las fuerzas gubernamentales sufrieron fuertes pérdidas. Aquella derrota de los hombres de Díaz, junto al factor moral de la conquista de una población de tal importancia, fue uno de los más fuertes mazazos recibidos por el poder constituido, que empezaba a ver cómo se desmoronaba su autoridad en todas partes, a medida que iba triunfando le Revolución.

Otras fuerzas revolucionarias atacaban Ciudad Juárez, y el enfrentamiento se hacía más cruento por momentos, hasta hacer caer la ciudad en manos de los revolucionarios. Por entonces, regresaba de Francia el ministro de Hacienda de Díaz, Limantour, que exigía y provocaba precipitados cambios en el gabinete presidencial, intentando desesperadamente poner freno a la situación y acabar con aquel estado de cosas.

Pero todo ello no eran ya sino inútiles parches para enmendar lo que ya no tenía arreglo. Nada ni nadie iba a parar ahora la revolución, salvo la renuncia de Porfirio Díaz al poder. La toma de Ciudad Juárez había sido el aldabonazo definitivo, en tanto que las nuevas victorias de las fuerzas zapatistas en el sur hacían más patente le situación crítica por la que pasaba el ejecutivo actual.

Llegado este punto, el presidente tomó una decisión drástica, al advertir que la situación era ya irreversible. Envió a sus representantes a parlamentar con las fuerzas revolucionarias y con el propio Madero, aceptando la renuncia a su cargo.

Es lo que todo el México humilde, campesino, pobre y de la baja burguesía ha estado esperando: el fin de toda una época en que una reducida camarilla fiel al presidente ha estado apoyando a éste y moviendo todos los hilos de la política nacional. Es el fin del «porfirismo».

Provisionalmente, hasta que se lleven a cabo elecciones libres y democráticas, se hace cargo de la presidencia de la nación Francisco León de la Barra. Se inicia así una etapa de transición que es bien acogida por todos. En el sur, Emiliano Zapata y su numeroso ejército de campesinos celebran la que consideran victoria decisiva y definitiva.

Para las nuevas elecciones se presenta la candidatura de Madero-Pino Suárez, para enfrentarse a León de la Barra, al que todos los porfiristas, naturalmente, van a apoyar de forma masiva e impedir así que uno de los revolucionarios alcance el poder.

Todo México, pero muy especialmente el campesinado, está pendiente de esas elecciones que pueden significar el fin de todo empeño revolucionario y el inicio de una nueva etapa de prosperidad y paz para el país.

Pero, a pesar de lo que sucede en esas elecciones, las cosas van a distar mucho de ser tan sencillas y favorables en el futuro. Eso es algo que ignoran Zapata y sus hombres en aquellos momentos de justificada euforia.

Capítulo III

— El pacto de Ayala —

EL presidente interino León de la Barra, tras la dimisión de Díaz, comete el grave error de mantener en sus cargos a la mayor parte de los porfiristas, hostiles por naturaleza a la revolución. Con ese lastre resultaba muy difícil, por no decir imposible, ganar las elecciones convocadas para salvar la crisis.

Por ello, no es de extrañar que el electorado se vuelque en favor de la candidatura de Madero, que resulta triunfador por muy amplio margen. Parece el inicio de una nueva era, la renovación capaz de acabar con el pasado y dar inicio a un período de paz y de concordia nacionales, terminando definitivamente con los movimientos revolucionarios.

Pero la realidad distará mucho de responder a esas expectativas, y ello se advierte no tardando mucho, apenas elegido Madero presidente de la nación. El nuevo dirigente había puesto más énfasis en les reformas políticas que en rectificar la situación económica y social, sin darse cuenta de que éstos eran los problemas clave de la situación nacional.

Aquel noviembre de 1911 en que Madero subía al poder, ante las expectativas optimistas de los mexicanos, marcaba al parecer un antes y un después. La política moderada de Madero, unida a los constantes retrasos en la aplicación de las leyes destinadas a restituir las tierras expropiadas a sus legítimos dueños, los campesinos indígenas, como previamente se había pactado, hicieron que el germen aún vivo de los revolucionarios en vez de adormecerse se exacerbara de nuevo, al entender que las cosas iban a seguir más o menos igual que con Porfirio Díaz.

En junio de 1911, con motivo de la entrada triunfal de Madero en México, Emiliano Zapata había sido invitado a comer en casa del nuevo presidente, y durante esa comida el líder sureño había aceptado varias peticiones que le hizo el reciente triunfador, una de las cuales consistía en dar la licencia inmediata a todas sus fuerzas revolucionarias. La respuesta de Zapata fue inmediata y contundente:

—Lo que a nosotros nos interesa es que sean devueltas las tierras a sus legítimos dueños y que se cumplan todas las promesas que hizo la Revolución.

Madero, cauto, le objetó que así sería, pero todo con calma, a través de procedimientos absolutamente legales. Esas excusas se las conocía Emiliano de memoria, porque bastante experiencia poseía en aquello de esperar pacientemente soluciones legales que nunca llegaban, y promesas que casi siempre se llevaba el viento. No se fió en absoluto de la respuesta de Madero, y su reacción fue tan visceral como espontánea:

—Mire, señor Madero, si yo, aprovechándome de que estoy armado, le quito el reloj y me lo guardo, y andando el tiempo volvemos los dos a encontrarnos, ambos armados, ¿tendría usted derecho a exigirme su devolución?

Y al tiempo que hacía esta pregunta, alzaba su rifle y, sin dudarlo, apuntaba con él a le cadena de oro que cruzaba el chaleco del nuevo presidente.

Éste, tras una vacilación, hizo acopio de serenidad y respondió:

—Sin duda. E incluso le pediría una indemnización.

—Pues eso, justamente, es lo que nos ha pasado en Morelos —replicó Zapata—, donde unos cuantos hacendados se han apoderado de nuestras tierras por la fuerza.

Y todavía, antes de abandonar la residencia de Madero, Emiliano fue aún más lejos al añadir con su habitual firmeza:

— Señor Madero, yo no entré en la revolución pare hacerme hacendado. Si valgo en algo, es por la confianza que me han depositado los campesinos.

De momento, sin embargo, ambos hombres se profesaban cierta simpatía y aunque, a todos los efectos, Madero era el nuevo presidente del país, interinamente ocupaba el cargo un porfirista acérrimo, como era León de la Berra, quien a espaldas del propio Madero envió a Morelos a sus tropas, al mando de otro porfirista a ultranza, como era el general Victoriano Huerta, con el pretexto de *pacificar* de este modo la región.

Naturalmente, Emiliano exigió de inmediato a Madero la retirada de esas tropas, lo que obligó a éste a emprender un urgente viaje a Cuernavaca para entrevistarse con el líder de los revolucionarios del sur.

No le costó alcanzar un acuerdo amistoso con Zapata, pero cuando Madero se dirigía a Cuautla de viaje, Huerta aprovechó la ocasión para iniciar su particular guerra contra los habitantes de Morelos. Su intención era capturar a Zapata y, posiblemente, hacerle fusilar de inmediato, porque presentía en él a un peligroso enemigo, y el general porfirista no se andaba con rodeos. Emiliano, demasiado astuto para caer en la trampa, logró escapar a tiempo y ocultarse de su enemigo, pero erróneamente culpó de esta traición a Madero.

Tal vez el peor defecto que podía tener Madero era el de su propio carácter débil y fácilmente manipulable, y aún quedaban muchos residuos de porfirismo por desterrar en las altas esferas gubernamentales de la capital federal. Por ello, aun después de cesar De la Barra en su cargo interino y alcanzar él la presidencia de la nación, siguió dando muestras de esa misma debilidad. Pese a que promete cambiar les cosas, respetar los deseos de los revolucionarios y modificar radicalmente la política agraria, devolviendo a los campesinos lo que era suyo, lo cierto es que nada de eso se ve plasmado en decretos y acciones concretas, y la desconfianza empieza a extenderse entre todos los ciudadanos de Morelos, que dudan de sus promesas.

El 28 de noviembre de ese mismo año 1911 fue cuando Zapata convocó en ayutla a todos los jefes revolucionarios que, tras confiar demasiado en las promesas de Madero, se habían vuelto claramente escépticos y confiaban ya mucho más en los puntos de vista de Emiliano Zapata. En compañía del profesor Otilio Montaño, Emiliano lee a todos ellos su recién redactado «Plan de Ayala», documento en el que se explicaba punto por punto el descontento de los revolucionarios de Morelos ante el incumplimiento reiterado de todas las promesas.

En el escrito se aludía al grave error de Madero, que, al hacerse cargo de la presidencia, había permitido que un excesivo número de viejos políticos porfiristas mantuvieran su influencia y sus cargos, lo que condujo, incluso, a que hubiera represiones violentas contra todos aquellos pueblos que le exigían cumplir con las promesas hechas en su etapa revolucionaria.

El Plan constaba de quince artículos, en los que se detallaban las conclusiones definitivas de Zapata, aunque de todos ellos destacaban fundamentalmente tres, en los que se aludía a la necesidad de expropiar las tierras por motivos de utilidad pública, la confiscación de bienes a todos los enemigos del pueblo y la inmediata restitución de sus tierras a todas las comunidades y personas despojadas ilegalmente de ellas con anterioridad.

El Plan de Ayala, asentado sobre esas bases de recuperación de lo que había sido suyo, y por ello mismo producto de las aspiraciones populares de los campesinos, iba a ser de allí en adelante el programa fundamental de la revolución zapatista, y la bandera que guiaría a todos sus hombres en la lucha.

Madero se enteró de todo ello con irritación, y su respuesta llegó hacia finales del mes de diciembre de aquel mismo año, en forma de una orden tajante dirigida a Emiliano, en la que le exigía su inmediato exilio al extranjero como única salida posible ante su actitud.

La fulminante réplica de Zapata llegó hasta la capital con toda su contundencia:

—Dígale que él, y no yo, debe salir para La Habana de inmediato, porque de otro modo ya puede ir contando los días que le quedan como presidente. Prometo que dentro de un mes estaré en la capital de México con veinte mil hombres, y he de darme la satisfacción de llegar hasta Chapultepec y colgarlo de uno de los árboles más altos del bosque.

Luis Cabrera publicó una carta abierta, dirigida al jefe revolucionario de Morelos, en la que le recordaba que la revolución tenía por objeto reformar las estructuras económicas del país, sin entrar en reparaciones agrarias de mayor o menor fuste. Rápidamente, Zapata remitió al miembro del Gobierno su propio Plan, recordándole que no era eso lo que Madero prometiera con anterioridad, y exigiendo un nuevo presidente que se comprometiera abiertamente a colaborar con la Revolución, hasta que se volvieran a realizar elecciones democráticas y surgiera un nuevo presidente capaz de responder a sus esperanzas.

Eso constituía, evidentemente, un claro y flagrante rechazo a Madero, ignorando su autoridad e incluso desafiándola sin tapujos. Pascual Orozco, un destacado antiporfirista, se volvió abiertamente contra su ex aliado Madero, rechazando sus decisiones y plantándole cara abiertamente. Ello significaba una ruptura definitiva entre el antiguo camarada de los revolucionarios y sus ex compañeros y votantes.

De inmediato, desde le capital, el empecinado Madero resolvió acabar con las guerrillas zapatistas, presionado, eso sí, por los propios hacendados de Morelos, que veían peligrar sus propiedades. Nombró al general Juvencio Robles jefe de operaciones en Morelos, y una de las primeras acciones de este general fue la de ordenar la detención de la suegra de Zapata, a dos cuñadas y a su hermana, para tenerlas como rehenes y alcanzar así la rendición del revolucionario. No contento con eso, empezó una feroz represión del campesinado de la región, actuando con tal crueldad que, en vez de calmar los ánimos y acobardar al pueblo, logró los efectos contrarios. La violencia de los campesinos contra las fuerzas federales aumentó, lo que llevó al militar a forzar más aún la máquina, que comenzó una detención masiva de gentes a las que encerraba en campos de concentración en las afueras de los pueblos, para poder matar luego a cuantos hallaba fuera de esos recintos. Llegó a incendiar las siembras, ordenando ahorcar sin juicio previo a toda persona sospechosa de pertenecer a le guerrilla o colaborar con ella.

No se puede culpar, por tanto, a los zapatistas enzarzados en tan dura guerra, que también ellos actuasen con violencia y rigor extremos, tanto asaltando ferrocarriles como ocupando poblaciones defendidas por los soldados. En muchas ocasiones, a Zapata y sus hombres se les fue la mano en las represalias, sobre todo contra los ricos hacendados que buscaban la protección militar. Sus hombres se volvieron violentos por las propias circunstancias, y los desmanes de la guerrilla fueron casi tan numerosos como los del ejército represor de Madero.

Entre tanto, en la capital de México, las cosas discurrían solamente por el camino político, cayendo en los mismos o parecidos errores que aquellos en que pudo incurrir en su día el anterior presidente, Porfirio Díaz.

Transcurría la XXVI Legislatura del país con una Cámara totalmente dividida ya. Por un lado, partidarios del Gobierno, como Luis Cabrera, el autor de aquella famosa «carta abierta» a los revolucionarios que había incitado a éstos a poner en práctica el «Plan de Ayala», entre otras reacciones igualmente negativas. Le acompañaban hombres como Serapio Rendón, un político que gozaba de bastante prestigio entra la clase política del momento. Frente a ellos se alineaban opositores de la talla de Francisco Olaguíbel, José María Lozano, Querido Mohedano o Nemesio García Naranjo. A los primeros se les denominó el «bloque renovador» de la Cámara, y presentaron a Madero un memorial señalándole con toda claridad los peligros que corrían él y su gabinete si mantenían su actual postura frente a los problemas agrarios del país.

La prensa opositora también añadió su apoyo a estos hombres, satirizando despiadadamente la política de Madero. Pero éste, de una forma terca, que no se entendía si se echaba una mirada atrás y se recordaba su época de alianza con los revolucionarios, no hizo el menor caso a unos ni a otros, y se mantuvo firme en sus decisiones, no se sabe si por obstinación propia o por ser manejado a su antojo por los antiguos políticos porfiristas, que tanto influían en su gabinete.

Por ello la situación en Morelos seguía siendo la misma: un enfrentamiento encarnizado de la guerrilla contra las tropas regulares del general Robles. Los zapatistas luchaban con uñas y dientes contra un enemigo superior en número y en medios. Se cuenta que, llegado el caso, llegaban a combatir incluso sin armas. En ocasiones como ésa, procedían a llenar con dinamita y clavos latas de conserva vacías, las ponían una mecha corta que encendían con sus cigarros y las lanzaban por medio de hondas fabricadas por ellos mismos con productos vegetales. Había que andar con cuidado en esa táctica, porque si se pasaban y la mecha era demasiado larga, los enemigos la devolvían. Pero si quedaba demasiado corta también el riesgo era serio, ya que podía estallar en las manos del guerrillero.

En una ocasión, el valor de uno de los hombres de Zapata llegó a tal límite, que, al reventarle encima la bomba casera y llevarle todo el brazo derecho, tomó otra, prendió su mecha y la arrojó con el izquierdo, al grito de:

—¡Viva Zapata!

Grito que, por cierto, andando el tiempo, iba a ser coreado por todos sus hombres y por todo el pueblo de Morelos y de otras muchas regiones, como un clamor de guerra y de victoria.

Las atrocidades del general Robles exacerban tanto el odio y la rabia del pueblo llano, que la lucha se hacía cada vez más cruenta, y la resistencia del campesinado más esforzada. Virtualmente, los hombres viven en las tierras de labranza trabajando el suelo en unas horas, con el fusil al lado, para tomarlo en cuanto ven llegar a las fuerzas enemigas. Algunos, los menos, esperaban en cualquier momento una reacción de Madero, para volverse atrás en sus decisiones, pero Zapata, que, aunque no sea un hombre culto, es inteligente y buen conocedor de las personas, tiene la suficiente intuición como para saber que no puede alimentarse optimismo alguno, y no duda en continuar la lucha, alentando a sus hombres con su propio ejemplo, sin atender a las presiones que llegan desde la capital en forma de ultimátum o amenazas.

Pero algo cambia, pese a todo, en la ciudad de México. El gobierno de Madero empieza a darse cuenta de que sus propósitos de «pacificar» Morelos mediante la fuerza no conducen a nada, y que el fracaso de Juvencio Robles con su cruel represión lleva a exacerbar aún más los ánimos de la guerrilla y del pueblo. Por ello se decide sustituir al general Robles por otro militar menos despiadado que el anterior, el general Felipe Ángeles.

Cuando este militar llega a Morelos, lo primero que hace es ordenar la inmediata puesta en libertad de todos los familiares de Zapata encarcelados por orden de su antecesor. Era un gesto destinado a convencer a las gentes de que él no venía a reprimir a nadie, sino a intentar alcanzar una reconciliación que condujese a la paz.

Fue el primer acierto de Madero, ya que la población aceptó de buen grado aquella actitud, y un período de calma se apoderó de Morelos, aunque en el fondo todos sabían que era una calma tensa, cuya duración dependía de muchas cosas.

Emiliano fue el primero en sentirse distendido, incluso esperanzado por primera vez. Esperaba que las cosas fueran cambiando paulatinamente y el camino de las armas fuese sustituido por una verdadera paz, con justicia para todos. Aunque en el fondo, como sus partidarios, tuviese un cierto recelo que le impedía creer ciegamente en que tanta dicha fuese posible.

La intuición tampoco iba a fallarle en esta ocasión a Emiliano, por desgracia para todos.

Acontecimientos importantes, y bastante negativos por cierto, estaban a punto de convulsionar, una vez más, a la nación mexicana, poniendo en el disparadero la maquinaria desesperada de la Revolución.

Capítulo IV

— El general Huerta —

E N otros lugares se ve también con preocupación el acelerado desgaste político y la impopularidad que van erosionando el prestigio del nuevo presidente. Francisco Indalecio Madero ya no goza de la confianza de casi nadie. Y lo malo es que uno de aquellos que menos confía ya en él es el Gobierno de los Estados Unidos, su poderoso vecino del norte.

El embajador de ese país en México era por entonces Henry Lane Wilson quien, siguiendo directrices de sus superiores en Washington, planeó un golpe de Estado que acabara, de forma definitiva con Madero y su mandato.

Para ello, los norteamericanos cuentan con el apoyo de dos hombres de confianza del propio presidente, los generales Félix Díaz y Victoriano Huerta. Ambos militares se prestan a encabezar la conspiración contra el estadista, y en 1913 tiene lugar el planeado golpe de Estado que ha de terminar con la legislatura de Madero.

Eso hubiera bastado tal vez para cambiar las cosas conforme a los deseos norteamericanos, pero el general Huerta va mucho más lejos y no vacila en hacer prisionero al presidente. Madero intenta la fuga, pero fracasa, y la reacción inmediata de Huerta es ordenar su asesinato, llevado a cabo por hombres de su total confianza.

Esto sucedía a finales de febrero de 1913, y el hombre que había derrocado y hecho asesinar a Madero no era precisamente la panacea que se esperaba para resolver los males del país. Una frase que pronunció apenas derrocado Madero, retrataba ya sus convicciones al respecto:

—El mejor modo de tratar a los zapatistas es una soga de dieciocho centavos para colgarlos.

Frase nada alentadora para la soñada paz en Morelos, ciertamente. Además, un maderista leal, como Pino Suárez, muere también asesinado; se nombra a un presidente provisional, Pedro Lascurain Paredes, pero su mandato es breve, y le sucede en el más alto cargo de la nación el propio general Huerta. Otra de sus primeras decisiones es la orden de ejecutar a numerosos diputados y senadores no conformes con sus métodos. Entre sus víctimas hay nombres ilustres, como Rendón y Belisario Domínguez. Es el inicio de una dictadura militar dura y represiva, que puede favorecer los planes de los Estados Unidos y de sus grandes empresas instaladas en el país, pero que muy difícilmente va a complacer a los revolucionarios, que ven cómo su situación va de mal en peor. Zapata sabe que nada bueno puede esperar de un hombre como Huerta y advierte a sus hombres de que, ahora que falta Madero, ya no hay esperanza alguna de paz, y la lucha va a ser mucho más desesperada y violenta que nunca, ya no sólo si quieren mantenerse fieles a sus ideales revolucionarios, sino simplemente para reservar su propia supervivencia.

En efecto, una de las medidas del nuevo presidente contra Emiliano Zapata y su gente es enviar de nuevo a Morelos al general Juvencio Robles. Justifica esa medida con una frase lapidaria:

—El general ha combatido anteriormente a los rebeldes con mano de hierro y desdeñando afeminadas contemplaciones.

Y, en efecto, Morelos vuelve a convertirse en el escenario de sangrientos combates, crueles represalias, destrucción de tierras y pueblos, matanzas de inocentes y toda clase de desmanes llevados a cabo por la tropa, bajo las órdenes implacables de Robles.

No es extraño que, en medio de tan feroz refriega, entre llamas y sangre, en los campos arrasados y en las poblaciones bombardeadas por la artillería y la fusilería, se oigan canciones como aquella que clama:

«Dios te perdone, Juvencio Robles,
tanta barbarie, tanta maldad,
tanta ignominia, tantos horrores,
que has cometido en nuestra entidad.
De un pueblo inerme los hombres corren
y después de esto vas a incendiar.
¿Qué culpa tienen sus moradores
de que tú no puedas, al fin, triunfar?»

Hay mucho de cierto en esa letra, ya que, pese a toda su brutal campaña, pese a la falta de clemencia y de humanidad por parte de las fuerzas gubernamentales, Robles no logra doblegar al movimiento zapatista, que sigue vivo y en pie, defendiendo le tierra palmo a palmo, diezmando a los soldados con su táctica de guerrillas, con su arrojo temerario y su fe en la victoria.

Por si ello fuera poco, Huerta empieza a sentir nuevos dolores de cabeza en su poltrona de la capital federal, ya que llegan noticias del norte del país, aludiendo a que una rebelión encabezada por Venustiano Carranza se ha unido a la de Pancho Villa, hasta convertirse en una seria amenaza. Tanto, que decide renunciar a mantener tan numerosas tropas en Morelos, y deja en este estado unas cuantas guarniciones, trasladando el grueso de sus fuerzas al norte, al tiempo que sustituye a Juvencio Robles en la campaña antizapatista.

Esa nueva situación no sólo da fuerzas renovadas a Emiliano y sus hombres, sino que le permite moverse con mayor libertad y acosar al enemigo más fácilmente, apuntándose varias victorias locales donde antes habían vivido amargas derrotas o retiradas humillantes, agobiados por la superioridad enemiga.

Paralelamente a todo esto, un serio incidente está a punto de desequilibrar el gobierno del general Huerta. Un incidente con unos marinos norteamericanos que desembarcan en México, lleva al mandatario a enfrentarse a una intervención armada de los Estados Unidos.

El general Huerta, de inmediato, moviliza fuertes contingentes de tropas mexicanas para hacer frente a los invasores, lo cual le permite, de paso, destinar una parte de esas mismas fuerzas para combatir a Carranza y Pancho Villa, líderes revolucionarios del norte.

No obstante, la intervención diplomática de los llamados «países del ABC» —Argentina, Brasil y Chile— resuelve pacíficamente el conflicto a través de las conferencias celebradas en Niágara Falls. Pero ésa fue una excelente ocasión para que Venustiano Carranza pudiese demostrar, con suma habilidad, ante el presidente norteamericano Woodrow Wilson, que Huerta no era sino un vulgar usurpador del poder, y que a quien correspondía realmente la representación legislativa del país era a él y a nadie más.

Es evidente que Carranza fue un hombre muy hábil para jugar sus cartas en ese trance, y tuvo la fortuna de salir ganador, como pronto se vería. Cierto que, sin el apoyo de Villa, Carranza nunca hubiera logrado sus ambiciosos objetivos, y demostró que su alianza con los revolucionarios villistas no había sido sino el trampolín del que se servía para alcanzar el poder, aliado con ellos para su propia conveniencia y sus ambiciones personales. Pero cualquier cosa parecía mejor que seguir manteniendo a un hombre como Huerta en el poder, al menos por aquel entonces.

En Morelos, Zapata aumentaba su fuerza y sus victorias iban en aumento, para desesperación de sus enemigos y, sobre todo, de los terratenientes locales. Éstos, que hasta entonces se vieran protegidos y apoyados por los soldados del Gobierno, ahora se veían indefensos ante los exaltados campesinos, a quienes antes habían explotado de forma inicua.

Desde finales de 1913 hasta abril de 1914, los zapatistas se centraron en tratar de aislar a los federales y derrotarles definitivamente, lo que finalmente lograron de modo aplastante en Morelos y en Guerrero. Era su gran victoria.

Habían sido casi cinco meses de lucha continuada, de enfrentamientos constantes, llenos de heroísmo y capacidad de lucha. El general Huerta, en su soberbia, había menospreciado el valor de las fuerzas sureñas de Zapata, y en ese período de tiempo pagó las consecuencias de su arrogancia.

Fue un duro escarmiento que podía significar mucho en el mandato del militar, y nada bueno para la estabilidad y prestigio de su gobierno. Porque lo que en un principio pareció amenaza implacable de los soldados federalistas, invadiendo las tierras de Morelos y de Guerrero, con el ánimo de aplastar al revolucionario, se convirtió en poco tiempo en todo lo contrario.

Pueblo a pueblo, ciudad tras ciudad, campo por campo, los hombres de Zapata luchaban con todas sus fuerzas contra las columnas bien pertrechadas de Huerta, y les rompían la moral con victorias inesperadas, muchas veces conseguidas gracias a la guerra de guerrillas ideada por su líder, tendiendo emboscadas mortales a los soldados federalistas, o capturándoles en perfectos movimientos de tenaza hasta encerrar a sus enemigos en bolsas de las que no podían salir.

No fue una lucha fácil tampoco para los sureños, porque el enemigo era tan fuerte como despiadado. Las órdenes de Huerta al respecto ofrecían escaso o ningún cuartel para el enemigo, pero ni aun así conseguían su objetivo de atemorizar a la población invadida y terminar con su tenaz resistencia.

Algunos hacendados ricos y poderosos de aquellas regiones no dudaron en aliarse con los soldados de Huerta, porque éste era para ellos la mejor salvaguardia contra los propósitos de los revolucionarios. Pusieron todos sus medios e incluso su personal al servicio de los invasores, pero ni siquiera su traición pudo cambiar el signo final de aquella guerra.

Zapata derrotó por igual a soldados y caciques, ocupando sus hombres aquellas propiedades y devolviéndoles a los terratenientes las humillaciones que ellos habían sufrido durante décadas enteras.

Zapata atendía con igual capacidad ofensiva los frentes de Morelos y de Guerrero. El apoyo de la población civil y de los campesinos era crucial para el curso de la lucha, y así lo entendían todos, afiliándose sin condiciones a las tropas zapatistas.

Los hombres eran instruidos y preparados militarmente casi de un día para otro, pero todos asimilaban las enseñanzas con el entusiasmo propio de la causa, y compensaban con su valor y su instinto todo aquello que pudiera faltarles de preparación castrense.

Huerta recibía en la capital las adversas noticias del frente, dominando con dificultad su ira y su frustración. Estuvo tentado de enviar hacia el sur otro poderoso contingente militar para que intentase cambiar el curso de la guerra y terminar con Zapata y su ofensiva, pero la situación en el norte tampoco estaba demasiado clara en esos momentos y el general temía que en cualquier momento precisara de cuantiosos medios humanos y materiales para evitar otro frente abierto en el lado opuesto del país. Sabía que por allí merodeaba otro hombre carismático, como era Pancho Villa, de cuyas intenciones no se fiaba nada.

De modo que se abstuvo de golpes de efecto, esperando que su poderoso ejército del sur acabase por demostrar su valía e imponer la supremacía previsible en un contingente como aquél.

Pero las cosas no salían conforme él preveía. Las noticias eran cada vez más alarmantes: nuevos fracasos y retiradas vergonzosas jalonaban la actuación de sus soldados, y virtualmente tanto Morelos como Guerrero se estaban liberando de sus asaltantes y pasando a ser los verdaderos triunfadores de aquella desigual batalla.

Así llegó el mes de abril, con la victoria definitiva de Emiliano Zapata y con la liberación final de los estados sureños atacados. La victoria clamorosa de los revolucionarios significaba al fracaso más rotundo y doloroso para el general Huerta y su dictatorial gobierno.

Simultáneamente a estos hechos en el sur del país, en el norte también se movían las fuerzas revolucionarias contra el dictador Huerta, al que profesaban tanto cariño como podían tenerle los zapatistas. Pancho Villa veía con preocupación la creciente fuerza y mano de hierro de Huerta al llevar los asuntos de Estado, y estaba decidido, como su colega del sur, a poner alto como fuese al poderío dictatorial del militar.

Pero una cosa era decirlo y otra hacerlo. Conseguir derrocar a un hombre como Huerta parecía obra de titanes. A Villa, sin embargo, no le arredró la empresa, y más sabiendo como sabía de los éxitos constantes de Emiliano Zapata en el sur del país, derrotando a las tropas del dictador.

Así, el 8 de marzo de 1913, Villa entraba de nuevo en su país, solamente con ocho hombres, unas escasas provisiones y no mucho más dinero. Se internó en Chihuahua, donde comenzó a reclutar gente insatisfecha, que por cierto era mucha. Confiando por entonces en Carranza, sin saber lo que le esperaba después con aquel hombre, se adhirió al llamado Plan de Guadalupe, bajo la dirección carrancista.

Ello le permitió capturar diversas plazas de la región, y el resultado de sus triunfos militares se reflejó en septiembre de aquel mismo año, cuando las distintas facciones constitucionalistas se reunieron en un pequeño lugar llamado Jiménez, nombrando a Villa jefe supremo de todas esas facciones.

Pocas fechas más tarde, Villa hacía un intento por tomar la plaza de Torreón, y tras fuerte lucha consiguió su objetivo, aunque en octubre tuvo que abandonarla, presionado por la respuesta de las fuerzas de Huerta, cuando ya a sus hombres se les comenzaba a denominar División del Norte.

El intento por ocupar Chihuahua no prosperó, ante la decepción de Villa, que había pensado que el empeño no sería tan complicado. Frustrado, por su mente pasó sin embargo una nueva idea, lo bastante audaz como para poder sorprender al enemigo si lograba culminarla con éxito: tomar Ciudad Juárez.

Para ello tenía que desplegar una estrategia que pudiese sorprender a las fuerzas de Huerta, y se le ocurrió un plan magistral. Dio orden de que no se detuviesen los ataques contra Chihuahua, como sí ése fuese su objetivo principal, en tanto llevaba a cabo la otra parte de su proyecto.

Capturado un tren de carbón, descargaron la mercancía, llenándolo de revolucionarios bien armados, para dirigirse a Ciudad Juárez. Ya con el medio de transporte adecuado, era preciso engañar al enemigo sin mostrarle sus cartas.

Fueron a la estación de Sauz, donde amenazaron de muerte al telegrafista si no cooperaba con ellos y seguía al pie de la letra las instrucciones que iba a recibir. El hombre no tuvo más remedio que acceder. Las transmisiones telegráficas eran vitales en el plan villista.

Villa dio personalmente las órdenes al aterrorizado telegrafista de Sauz:

—Comunique usted que la vía del tren está destruida al sur de esta localidad, y los puentes quemados, que no hay comunicación telegráfica con Chihuahua, que necesita otra máquina y que espera instrucciones.

Como era previsible, la respuesta no se hizo esperar, ordenando que el tren regresara a Ciudad Juárez de inmediato, y que en cada estación del recorrido se reclamaran nuevas instrucciones. El tren empezó su recorrido, siguiendo las órdenes recibidas y deteniéndose en cada estación. Pero en todas ellas, el telegrafista de turno era capturado, y se le obligaba bajo la amenaza de las armas a que transmitiese una sencilla frase a Ciudad Juárez:

«Sin novedad.»

Así, en la noche del 15 de noviembre, el tren entró de forma silenciosa en la ciudad, con su aparente carga de carbón, pero llevando todos sus vagones repletos de revolucionarios. Era como una nueva versión del caballo de Troya. Sigilosamente, sin que nadie advirtiera nada, las huestes de Villa descendieron del convoy, diseminándose por toda la ciudad dormida, ocupando los puntos estratégicos señalados previamente por su jefe.

Jugaban con toda ventaja porque a esas horas los soldados dormían confiados, mientras sus jefes y oficiales estaban demasiado ocupados en los burdeles y casinos de la ciudad sin enterarse ni remotamente de lo que estaba sucediendo.

Fue tarea sencilla y relativamente rápida la de ocupar todos los puntos controlados por las fuerzas de Huerta, cogidos por sorpresa y sin poderse defender. Cuando amaneció, las cosas parecían igual que el día anterior. Todo tranquilo, y sin enterarse nadie de lo que había sucedido.

Tanto las escuelas como los comercios e incluso los servicios municipales de Ciudad Juárez funcionaron normalmente, sin la menor sospecha de que la población había cambiado de manos en unas pocas horas y en el mayor silencio.

Villa envió un telegrama a Carranza, informándole de la toma de la ciudad. La noticia no tardó en extenderse por todo el país, provocando una explosión de rabia en el general Huerta, que se sentía humillado y burlado por aquel golpe imprevisto. De inmediato ordenó la reconquista de la ciudad fronteriza, para lo que envió hacia ella una poderosa columna militar. Villa demostró una vez más que era un estratega fenomenal, porque su orden fue concreta, apenas supo de la aproximación de las tropas federales:

—Que se corte la vía delante del primer tren y detrás del último, de modo que los federales no puedan avanzar ni retroceder llegado el momento, y se les ataque de improviso antes de que puedan desembarcar sus elementos, en cuanto las locomotoras queden inmóviles.

Se hizo tal como él ordenaba, con lo que la tropa de Huerta quedó bloqueada e inmovilizada. El ataque de los villistas no se hizo esperar, entablándose una batalla que iba a ser terriblemente sangrienta, dejando el campo de lucha sembrado de cadáveres. Ni los federales cedieron ni los villistas dieron cuartel. Hubo cuantiosas bajas por ambos bandos, aunque los soldados gubernamentales se llevaron la peor parte, ya que la columna enviada por Huerta fue totalmente destrozada y diezmada, teniendo que retirarse desordenados y vencidos, y dejando tras de sí todo el equipo pesado, armas y municiones.

Las noticias de la victoria de Villa pronto llegaron a Chihuahua, y las tropas federales que defendían la plaza se apresuraron a abandonarla, para hacerse fuertes en su último reducto, la población de Ojinaga. En México, Huerta recibía las malas noticias realmente preocupado y viéndose por vez primera acosado, tanto por las triunfales campañas de Villa en el norte, como por los éxitos militares zapatistas en el sur.

Era el 8 de diciembre de 1913 cuando las fuerzas de Villa lograban entrar victoriosas en la ciudad de Chihuahua, asumiendo así el gobierno de aquel estado. Sabiendo del peligro que significaba el consumo de alcohol por parte de las tropas, Villa ordenó la prohibición de toda clase de bebidas alcohólicas, bajo amenaza de hacer fusilar por igual a quien se las vendiese o a quien las consumiera.

Siempre hay personas lo bastante atrevidas como para saltarse una orden así, pero Villa no era hombre que se andaran con bromas a la hora de castigar a un infractor. Cinco de sus hombres, uno de ellos amigo personal suyo, infringieron la orden y se les sorprendió bebidos. De forma inmediata, Villa ordenó su fusilamiento, y eso hizo que nadie más osara desobedecer. Ni un solo borracho se contabilizó en las tropas villistas. A las diez de la noche todos los ciudadanos debían retirarse a sus casas, según ordenaba el toque de queda implantado. Con esas duras medidas, Villa logro que, en sólo veinticuatro horas, todo Chihuahua estuviese en calma y sus calles estuvieran seguras.

Otra de las medidas inmediatas de Villa fue la de confiscar todos los bienes de los potentados y grandes hacendados de la región, formando con su dinero y sus bienes el Banco de Chihuahua, para ayudar a quienes lo necesitaran. Se distribuyeron alimentos entre los más pobres, y el precio de la carne sufrió una importante baja de la que se beneficiaban familias que hasta entonces no podían alimentarse adecuadamente.

Como se ve, Villa era un hombre carismático, a quien la gente humilde adoraba, pero en ningún momento pensó en intentar un reparto de tierras al estilo de Zapata en el sur, porque ésa hubiera sido una empresa condenada desde un principio al fracaso. Mientras Morelos, el feudo de Emiliano Zapata, era una región eminentemente agrícola, con grandes plantaciones azucareras y de otros productos, Chihuahua era radicalmente distinta: más de la mitad de su población vivía en las ciudades, los campesinos no se llevaban demasiado mal con sus hacendados y patronos, y una reforma agraria al estilo de la de Morelos no hubiera hecho sino beneficiar a un sector muy minoritario de su población. En realidad, tampoco Villa tenía, como Zapata, unas raíces profundas con la tierra ni nada esencial que recuperar para los suyos. Tenía un espíritu de colono, como sus antecesores, y no de hombre del campo, como Emiliano.

Por tanto, las diferencias entre ambos hombres en ese sentido eran muchas, y la forma de administrar su política también, dado el diferente carácter de las tierras donde les había tocado vivir y luchar.

De ahí que Villa nunca pretendiera ser un Zapata, por mucho que admirase a su colega del sur, y quisiera, en cierto modo, ser tan idealista como él. A fin de cuentas, esos ideales no eran los mismos, la región tampoco y las gentes por quienes luchaba menos aún. Esas diferencias les hacía ser distintos a ellos mismos, por mucho que la revolución les pudiese unir en el esfuerzo contra Huerta.

Como en el caso de los zapatistas, tampoco Villa pudo evitar algunos abusos de sus hombres cuando pretendían hacer justicia a su modo, pero eso era algo inevitable en el confuso ambiente de una guerra revolucionaria.

Hubo haciendas incautadas a sus propietarios que se repartieron como un auténtico botín de guerra entre los propios oficiales de Villa; otros soldados saqueaban viviendas, y de un modo u otro se impedía lo que pudo haber sido un reparto equitativo de las tierras, en beneficio de aquellos que más podían necesitarlas. Ése fue el principal fallo del líder norteño, porque, por otro lado, gracias a su iniciativa se abrió una Escuela de Artes y Oficios para niños pobres o huérfanos, los militares de su ejército trabajaron en la planta de energía eléctrica y en los servicios de agua potable para la población.

Puede decirse, por tanto, que mientras unas cosas eran bien hechas, en otras era imposible el control de la situación, pero eran cosas que incluso las tropas bien instruidas y disciplinadas podían llegar a hacer en una situación de guerra, y fue mucha la gente que comprendió y disculpó a Villa por no saber hacerlo todo bien y tener la situación controlada totalmente.

A fin de cuentas, también en las tierras del sur, pese a la férrea energía de Emiliano Zapata sobre su gente, ocurrían a veces cosas no del todo justas, de las que el propio líder revolucionario se lamentaba, pero era imposible estar en todo a la vez, y más teniendo que preocuparse por los contragolpes previsibles del enfurecido general Huerta, que veía cómo se la iba de las manos, paulatinamente, la situación que creía tener perfectamente controlada y dominada desde su sillón presidencial.

La diferencia era que Villa seguía sirviendo fielmente al que consideraba el primer jefe, Venustiano Carranza, mientras que Emiliano, en Morelos, no tenía que dar cuentas a nadie ni toleraba que ningún otro le dijese lo que tenía que hacer, pese a sus nulas ambiciones políticas y de poder. Observadores extranjeros, como John Reed, entusiasta defensor de los movimientos revolucionarios, preconizaban para México un futuro distinto, inspirado en unos ideales tal vez demasiado utópicos para ser posibles.

Por ejemplo, Reed anunciaba un porvenir sin militares ni ejército alguno, en el que el pueblo sería la única salvaguardia de su patria. Preconizaba que cuando acabase el enfrentamiento con Huerta o con otros como él, la Revolución habría triunfado en toda línea y una nueva sociedad, un nuevo concepto de gobierno, imperaría en México. Según Reed, se crearían colonias militares formadas por los propios trabajadores, que solamente destinarían tres días por semana al duro trabajo y los demás días serían destinados a una instrucción militar necesaria para que el propio pueblo defendiera al país de toda agresión extranjera.

Las utopías de John Reed distaron mucho de hacerse realidad, pero eran bonitas para los revolucionarios, que soñaban con que algún día todas esas predicciones fuesen realidad. Aunque Reed sólo conocía a Villa y ansiaba conocer también a Emiliano Zapata, lo cierto es que no se sabe si alguna vez llegó a encontrarse con éste, cosa harto improbable, dado lo poco amigo que era Emiliano de recibir a gente extraña en su cuartel general, y menos viniendo del extranjero, por muy amigas de la Revolución que se proclamasen.

Por ese tiempo comenzó la buena amistad entre el general Felipe Ángeles y al líder revolucionario del norte, Pancho Villa. El general Ángeles era uno de los pocos militares de carrera frontalmente opuestos a Huerta y su tiranía, y entre ambos hombres llegó a establecerse una profunda amistad que duraría hasta los últimos días de Villa como revolucionario. Por su parte, Villa le apreciaba tanto, que llegó a decir en su presencia:

—Mi general, yo no sé comer delante de la gente. Le agradeceré que me corrija todo lo que no le parezca bien.

Eso, en sus labios, eran palabras de la máxima confianza y respeto. Una confianza y un respeto a los que, por cierto, Ángeles jamás defraudó ni traicionó.

La situación en todo el país era bastante complicada para Huerta. Las derrotas en el norte y en el sur iban haciendo mella en su seguridad, se sentía acosado por Zapata, por Villa y por los generales desafectos a él, especialmente Obregón y González, que apretaban en los frentes oriental y occidental, en tanto los fracasos se sucedían en el norte y en el sur por culpa de villistas y zapatistas.

El año 1914 comenzó bajo los peores auspicios para la que, en muchos círculos mexicanos, era siniestra dictadura del general Huerta. La pérdida de Torreón, recuperada por los huertistas tras haberla ocupado Villa en octubre de 1913, empezó a marcar de un modo definitivo el declive del dictador.

Huerta había concentrado en Torreón hasta doce mil hombres más, unidos a las tropas del general José Refugio Velasco, porque sabía lo que se jugaba en aquel decisivo envite. Pero las fortificaciones de Velasco fueron ocupadas por el enemigo, y las tropas de Huerta hubieron de retirarse a Gómez Palacio para hacerse fuertes allí y resistir el embate de los revolucionarios.

La lucha fue cruenta y duró once días. Finalmente, el 2 de abril caía en manos de la División del Norte. Era el primer golpe de gracia contra el general Huerta.

El segundo y definitivo llegó cuando sus tropas tuvieron que retirarse en Morelos y Guerrero, diezmadas y acosadas por los zapatistas, que controlaban todos los frentes y hacían fracasar el intento de Huerta de invadirles y dominarles.

La idea de Zapata era, una vez vencidos los federales en su tierra natal, emprender el ataque a la capital, con todas sus fuerzas intactas, en un empeño definitivo para derrocar el régimen imperante. Para ello tenía que poner fin a la campaña del sur.

Para que eso sucediera, desgraciadamente, Zapata tuvo que dar órdenes muy concretas a sus hombres y dejar de lado sentimentalismos y medidas piadosas para con el enemigo. De esa campaña se tienen referencias de algunos de sus testigos presenciales, y ellas aluden a la fiereza y medidas extremas que los zapatistas tuvieron que emplear para dar por terminada cuanto antes la resistencia enemiga y de sus colaboradores.

Se dice textualmente que «los zapatistas arrojaron muchas bombas y utilizaban indiscriminadamente sus ametralladoras para abatir edificios ocupados por sus adversarios, entre ellos incluso dos escuelas».

Otros aseguran que «muchos federales quedaron sepultados, y las casas de ciudadanos civiles fueron quemadas al estar situadas en la vecindad de cuarteles federales».

Un testigo confirmó que «en esos días, los zapatistas mataban a los federales como quien deja piedras regadas. Y sucedía que si alguien quería pasar, tenía que hacerlo sobre cadáveres».

Incluso hubo quien llegó a afirmar que «los zapatistas disparaban a lo tonto sobre cualquier cosa que se moviese».

No sabemos si todos esos testimonios recogidos en los puntos de batalla eran ciertos o no, exagerados o fidedignos, pero la verdad es que en toda guerra ocurren desmanes parecidos: los hombres pierden el control, por fiereza o por miedo, y en una guerra revolucionaria las cosas aún pueden ser mucho peores.

Pero Zapata se aseguró así en breve tiempo la victoria en su estado natal y en Guerrero, antes de que el enemigo pudiera rehacerse y reorganizar sus filas. Sabía Emiliano que el tiempo jugaba en su contra y que era necesario terminar cuanto antes con las tropas del general Huerta. Era cuestión de supervivencia, y convenía remachar ahora la derrota de su peor enemigo. Derrota que se produjo inevitablemente al final de esa violenta campaña.

Controlados ya de modo sólido los frentes de Morelos y Guerrero, Emiliano desplegó su ejército en torno a la capital, logrando reunir a unos veinte mil hombres, tras conseguir la captura y ocupación de Milpa Alta. Los zapatistas no tuvieron tampoco piedad de nada ni de nadie en su avance arrollador hacia la capital, abatiendo a cuanto soldado federal se ponía a tiro e incendiando poblaciones a su paso.

Los periodistas de México anunciaban desmanes y abusos sin fin para cuando los zapatistas entraran en la ciudad, asustando a sus habitantes con lo que pudiera suceder en esos momentos. Pero cuando la ocupación de la capital tuvo lugar, por parte de todos los guerrilleros revolucionarios, ya fuesen los de Zapata o los de Villa y Carranza, se demostró que ese alarmismo era infundado. Los desharrapados luchadores no cometieron desmán alguno, e incluso se portaban con toda corrección cuando entraban en restaurantes o en hoteles, para consumir bebidas o alimentos. Existen numerosos testimonios gráficos de la época que así lo atestiguan. Aquellos hombres, feroces en el campo de batalla, demostraban ser personas dignas de todo respeto cuando se encontraban en ambientes tranquilos y civilizados. A fin de cuentas, ninguno de ellos era directo responsable de lo que hubiera hecho en la guerra, una guerra que nadie quería y a la que se habían visto empujados por la injusticia y el abuso de poder.

En julio de 1914, la derrota de Huerta era ya definitiva y no era sostenible su situación en el poder, por lo que tuvo que renunciar a su cargo y partir hacia el exilio. Él, al menos, gozó de esa posibilidad y nadie pensó en asesinarle, pese a que trataba con revolucionarios y no con políticos ni militares. Era un ejemplo para la Historia, evidentemente.

Mientras tanto, Carranza empezaba a mostrar el peor lado de su cara en cuanto a la ocupación de la capital, puesto que dio órdenes estrictas de que les hombres de Zapata no entrasen en sus calles, y sí lo hicieran solamente las fuerzas villistas y las suyas propias.

La verdad es que esa actitud de Carranza no sorprendió para nada a Emiliano, que nunca se había sentido identificado con él ni confiaba excesivamente en la sinceridad y buenas intenciones del revolucionario del norte. Subía que Carranza despreciaba a los guerrilleros del sur, y no se había ocultado nunca de proclamarlo así. Lo peor es que también despreciaba a su propio aliado en el norte, Pancho Villa, aunque eso no se había atrevido a manifestarlo con tanta claridad. En una ocasión, Carranza había criticado de forma pública el Plan de Ayala, y Emiliano lo sabía. Pero también sabía algo que Carranza parecía ignorar: que el nuevo triunfador tendría forzosamente que negociar y pactar con los zapatistas, pues para legitimar de un modo definitivo su movimiento era forzoso que aglutinara en él a todas las fuerzas, por diferentes que fuesen entre sí y por mucho que le molestara admitirlo. Pero Zapata sabía que muy poco más podía esperar de aquel hombre.

Recibió en Morelos la comisión integrada por un grupo de políticos, entre ellos Luis Cabrera y Antonio I. Villarreal, que se preocupaban sinceramente por la situación agraria y simpatizaban en cierto modo con la necesidad de reintegrar a todos los campesinos las tierras que fueron suyas. Por otro lado, les preocupaba, y mucho, la unión entre revolucionarios.

Reunidos con Emiliano, éste puso pronto sobre la mesa su primera y fundamental exigencia, sin la cual no habría conversación alguna: era preciso respetar todas y cada una de las condiciones del Plan de Ayala, que debía pasar a tener el rango de principio constitucional. Como ya preveía, Carranza se negó en redondo a aceptar esa condición. Pese a cuantos intentos llevaron a cabo los intermediarios, ni uno ni otro cedió un ápice en sus posturas. Por ello, la pretendida unificación total fue un fiasco, y las relaciones entre Zapata y Carranza tuvieron un definitivo rompimiento en septiembre del año 1914.

Como un desafío que tratara de demostrar su independencia de toda sumisión política, Emiliano Zapata puso en práctica inmediata el artículo octavo del Plan de Ayala, que ordenaba la nacionalización de los bienes de todos aquellos que se mostraran opositores a la Revolución.

Simultáneamente, algunos importantes militares revolucionarios, como Lucio Blanco y Álvaro Obregón, organizaban una convención en Aguascalientes, en la que eran también incluidos sin distinción tanto zapatistas como villistas. Esta reunión tuvo lugar a partir del 10 de octubre de 1914. Al enterarse Zapata de que existían muy pocos generales que mantuvieran su lealtad a Carranza, decidió acudir y formar parte de la convención.

El que había sido en su momento jefe de las fuerzas militares represoras en Morelos, el general Felipe Ángeles, como sustituto del feroz general Robles, formaba parte del grupo de militares que fueron personalmente a hablar con Zapata para que acudiese a la convención de Aguascalientes. Con ese general se personaron también para convencer al líder sureño los también militares Rafael Buelna y Calixto Contreras. El encuentro fue cordial y no resultó difícil convencer a Emiliano para que estuviera presente en la reunión, de donde se esperaba que saliese algo positivo para todas las diversas facciones del país.

Así, el 26 de octubre hacían acto de presencia en Aguascalientes los primeros representantes zapatistas, y posteriormente su propio jefe, acogidos todos ellos de manera entusiasta por la población y muy calurosamente por los miembros de la convención. En aquella primera reunión ya iba a hacerse patente que la alianza entre villistas y partidarios de Carranza hacía aguas por todas partes, y que era cuestión de tiempo —de muy poco tiempo, en realidad— el que su unión se hiciera pedazos y que, incluso, ello significara el estallido de una guerra abierta entre Venustiano Carranza y Pancho Villa.

Por entonces Carranza no se había hecho aún con el poder en solitario, que lo compartía con uno de sus leales, Francisco S. Carvajal. sucediendo al exiliado Huerta. Posteriormente, dentro de ese mismo año, y hasta el siguiente, 1915, sería otro carrancista, Eulalio Gutiérrez, quien ostentase el poder en solitario, pero todo ello no eran sino parches temporales, esperando que las urnas le concediesen a Carranza el cargo en exclusiva, que era su verdadera ambición.

Curiosamente, hasta entonces, dos personas con tantas afinidades e idealismos como Pancho Villa y Emiliano Zapata no habían llegado a conocerse personalmente, aunque mantenían una cordialísima correspondencia. Afincado uno en el norte del país y el otro en el sur, la propia revolución, paradójicamente, les había distanciado físicamente, ya que mientras uno luchaba contra el poder establecido en unas regiones de México, el otro lo hacía en otra separada por muchos kilómetros de distancia.

Pese a ello, se conservan cartas de ambos, y en una de ellas es Emiliano quien le dice a Villa en su misiva, entre otras cosas:

> «*Dirijo a usted la presente, para manifestarle que siempre le he considerado hombre patriota y honrado, que sabrá sostener la causa del pueblo...*».

No era muy frecuente que Zapata utilizase términos tan elogiosos con nadie, puesto que su fama de hombre parco en alabanzas era proverbial entre los que le conocían bien. Por tanto, no es extraño que, llegado aquel preciso momento, ambos hombres tuvieran casi la necesidad de verse y conocerse. El encuentro había de producirse en México, a pesar de todos los pesares, e incluso contra la voluntad de Carranza, a quien no gustaba nada la idea de que los dos caudillos revolucionarios más venerados del país se reunieran y mantuviesen contactos, y menos aún en la capital federal, en un ambiente triunfalista que en nada convenía a sus aspiraciones.

Eran dos hombres con un carisma arrollador, triunfadores en mil batallas, seguidos por millares de combatientes y por millones de ciudadanos. Su unión sólo podía significar una posible alianza entre dos caudillos ilustres, que podían llegar a controlar fácilmente toda la nación, tan sólo con proponérselo.

Villa era un hombre más entusiasta y visceral que Zapata, quien, siempre receloso, optó por elegir para aquel histórico encuentro una población en las afueras de la ciudad de México, Xochimilco. Tal vez influyó también en esa elección el hecho de que el clima de la capital no le resultaba grato, y encontraba fría e inclemente la atmósfera de la capital federal.

Sería obvio mencionar el entusiasmo general y el júbilo colectivo de aquella población, al acoger a los dos grandes revolucionarios. Sus canales se llenaron de aquellas floridas y bellas barcas llamadas «trajineras» con vendedores y vendedoras de toda laya, que ofrecían a la gente sus mercancías, en medio de un clima enardecido, entusiasta, en el que no cesaban de sonar por doquier las notas y letrillas de canciones tan famosas entre los rebeldes como *Valentina* o *Adelita*:

> *«Si Adelita quisiera ser mi esposa,*
> *si Adelita fuera mi mujer,*
> *la compraría un vestido de seda*
> *para llevarla con mi coche al cuartel.»*

Eran los corridos escuchados mil veces durante la revolución, que ahora se cantaban como homenaje a los héroes de la campaña de los rebeldes en defensa de su libertad y sus derechos.

Todo, pues, era jolgorio y alegría a la espera de aquel encuentro histórico. Era como la consagración definitiva de un modo de entender la lucha por la tierra y por la dignidad.

Mientras tanto, Carranza, dominado por la ira y la inquietud que aquel encuentro despertaba en él, decidió trasladar la sede del Gobierno a la ciudad de Veracruz, tal vez por no verse inmerso en un ambiente que sabía hostil a su persona y demasiado favorable a los intereses de los dos revolucionarios, de quienes se iba distanciando cada vez más.

En aquellos momentos eufóricos, tal vez la gente no se daba cuenta de que las cosas no iban a ser tan fáciles como parecían, pero es posible que eso les sucediera incluso a los propios revolucionarios, con la excepción de Emiliano Zapata, que nunca había sido un hombre dado a entusiasmos precipitados ni a confianzas excesivas en el futuro.

Por ello, llegado el momento, la decepción de muchos iba a ser más grande, puesto que se volverían a vivir momentos aciagos y violentos que ya se creían superados, y que culminarían en acontecimientos tan trágicos como decisivos. Pero no adelantemos acontecimientos, y sigamos en los instantes de euforia que el encuentro de ambos caudillos despertaba en la población mexicana en general, y en la campesina en particular.

Capítulo V

HAGAMOS un alto en la vertiginosa y violenta historia del Emiliano Zapata guerrillero y revolucionario, para ocuparnos de algo que, a fin de cuentas, forma más parte de la vida de Zapata, el hombre, que del Zapata convertido en mito. Nos referimos, naturalmente, a su vida íntima.

Hemos visto desfilar ante nosotros a Emiliano Zapata desde su nacimiento, siendo niño, adolescente y adulto, hasta convertirse en el líder de los campesinos de su tierra natal. Pero aún no nos hemos ocupado más que de su vida familiar, sin tocar para nada aquello que se refiere a su existencia sentimental, a su vida afectiva, a todo cuanto formó su intimidad de hombre.

Lo cierto es que, según parece, Emiliano fue una persona proclive a los romances, muy dado al enamoramiento. Su vida afectiva no la compartió con una sola mujer, sino que, al parecer, según reveló alguien de su entorno más próximo, hubo nada menos que ¡veintidós! mujeres en su vida.

La cifra puede parecer exagerada, dado que fue un hombre que murió todavía en plena juventud, pero así parece ser que ocurrió. Se afirma que casó inicialmente con Luisa Merino, pero que muy poco después se apasionó por Inés Aguilar, hasta el punto de raptarla y llevarla consigo hasta la población de Cuautla, donde le puso casa y vivió con ella un apasionado romance. De él nacieron dos hijas y un hijo, de nombre Nicolás. Las dos niñas murieron, y el hijo fue criado al parecer por una de las hermanas de Emiliano.

Precisamente se asegura que la familia de la tal Inés jamás aprobó los amores de Zapata con su hija, y que fue a causa de sus influencias por lo que tuvo que alistarse el joven Emiliano en el ejército, destinado al cuartel del propio Porfirio Díaz, donde cumplió como soldado, aunque por un corto espacio de tiempo.

Fuese como fuese, ésa fue una relación tempestuosa en muchos aspectos, dada la juventud de Zapata y la oposición de los padres de la muchacha a aquellos amores. Tampoco resulta raro que la cosa siguiera adelante hasta esos extremos, conociendo el carácter obstinado y firme del joven Emiliano.

De todos modos, aquella pasión terminó por extinguirse, y ya hasta 1911, cuando era general rebelde de la guerrilla, no se habla de ninguna otra relación formal ni duradera, aunque obviamente varias mujeres gozaron de sus favores. Unas veces porque Emiliano buscaba el placer, el llamado «descanso del guerrero» en brazos de alguna bella dama, bien porque eran muchas las que, fascinadas por la personalidad y atractivo físico del joven, buscaban la relación con él.

En agosto de ese año de 1911 fue cuando se casó con Josefa Espejo, una joven a la que ya había pedido una vez en matrimonio, encontrándose también entonces con la rotunda negativa de sus padres. Pero ahora que era general, no pudieron repetir la misma actitud, y no rehusaron el matrimonio de su hija con el admirado Emiliano Zapata, ídolo de todo Morelos. Fue una pareja estable, pero que no impidió que, a espaldas de su esposa, Emiliano siguiera tratando con otras mujeres, casi siempre acosado por ellas. Como se asegura, además, que era hombre tierno, generoso y noble con las mujeres, no resulta nada raro que abundasen las que buscaban algún romance, más o menos breve, con el carismático guerrillero.

En sus cuarteles, durante las campañas, era cosa habitual que Zapata pasara sus noches con alguna mujer en su lecho, e incluso llegó a tener dos hijos de esas relaciones pasajeras, aunque sin separarse legalmente de la que era su esposa.

Por esos tiempos, en pleno auge revolucionario, con todos los hombres jóvenes en el campo de batalla o en los cuarteles, existía una curiosa costumbre que llegó a hacerse muy famosa, y que en muchas películas sobre la época, especialmente las rodadas en México para reflejar su período de la Revolución, hemos visto con todo detalle, y que responde fielmente a la realidad.

Las mujeres jóvenes, tuviesen novio o no, acostumbraban a ir detrás de los revolucionarios, siguiendo su misma ruta, hacia adelante cuando se avanzaba, o hacía atrás cuando era inevitable la retirada ante el enemigo. Esas mujeres seguían así a sus hombres, las unas ya casadas, otras en pleno noviazgo, y otras, las más, para servir de solaz a los soldados zapatistas y darles el llamado «reposo del guerrero».

No era cosa mal vista que las mujeres, con sus rebozos, formaran parte de las comitivas militares de aquellos soldados que, las más de las veces, en vez de uniformes vistosos usaban calzón y sombrero de paja, puesto que primero habían sido campesinos y luego soldados. Y aunque se batieran con el arrojo y valentía de auténticos soldados, había en ellos más de campesinos que de otra cosa.

Esas mujeres, en los momentos de descanso, cuando acampaban, iban a reunirse con su pareja o a buscar a algún hombre con quien compartir la noche, si no tenía a nadie en especial. Eran silenciosas y obedientes, sebedoras de que sus hombres tenían que concentrar todas sus fuerzas en la lucha, y que por tanto lo mejor era seguirles con docilidad y estoicismo.

No resultaba raro, por tanto, que el propio Zapata, como sus soldados y oficiales, también viese sus noches de acampada ocupadas en hacer el amor con alguna de las fieles seguidoras de la tropa, ya que él en campaña no llevaba a nadie consigo, aunque no se oponía a que su gente se dejase seguir por la mujer a la que amaban.

Eran, naturalmente, relaciones del momento, pero no se podían llamar amoríos, pero eso no quería decir que Zapata, como los demás, no tratase con exquisita cortesía y educación a la mujer de turno, fuese ella quien fuese. Para ellos, aquellas hembras no eran rameras o prostitutas, sino mujeres que sacrificaban su vida por ayudar de alguna forma a los combatientes a sentirse un poco menos solos, a darles algo de calor y de afecto, que tanto se echaba en falta en los avatares de la guerra.

Es más, se asegura, y no tiene nada de extraño, que fuesen muchas de aquellas fieles seguidoras de los revolucionarios las que se disputaran el favor de Emiliano, tanto por su propia fama, como por saber que era hombre de por sí afectuoso y tierno, faceta ésta que hubiera chocado extraordinariamente a sus enemigos.

Ha habido artistas mexicanos, especialmente los famosos «muralistas», como José Clemente Orozco, que han retratado en sus pinturas esta singular costumbre revolucionaria, presentando a los jinetes armados o a la infantería abriendo la marcha, que cerraban detrás las mujeres envueltas en sus rebozos tradicionales. En esos cuadros se ve, en todo su patético expresionismo, el sacrificio de todas ellas, que no dudaban en dejar la tranquilidad del hogar, allá en la retaguardia, para seguir a sus amantes hasta donde fuera preciso... que muchas veces era la propia muerte. La de ellos y la de ellas, porque el enemigo no distingía demasiado a la hora de disparar.

Pero esas relaciones de campaña entre Zapata y sus seguidoras no se pueden encuadrar de un modo concreto en su vida íntima, ya que eran más una necesidad y un desahogo, en medio de la tensión de la lucha. Sí refleja, sin embargo, la ternura y humanidad del luchador con fama de hombre violento y duro. Si Zapata sabía odiar y pelear, es evidente que también fue hombre que sabía amar y ser amado.

También llegó a vivir con tres hermanas, en una relación simultánea y totalmente armoniosa, sin que ninguna de ellas creara problemas por su dedicación a las otras. No se conoce el nombre ni apellido de las tres, por lo que algunos aseguran que sólo se trata de habladurías sin fundamento, pero algunos hombres de confianza de Zapata aseguraron que era totalmente cierto, y que Emiliano parecía tan afectuoso y apasionado con una hermana como con otra. Evidentemente, debió resultar un equilibrio afectivo de lo más curioso.

Uno de sus últimos amores fue el de Gregoria Zúñiga, a quien conoció en 1912, y con quien tuvo un hijo en 1914. La relación y sus circunstancias resultan cuando menos divertidas, como si de un sainete se tratase, y habla bien a las claras de lo que podía ser capaz Emiliano cuando se fijaba en una mujer determinada. Con una mezcla peculiar de violencia y de ternura, llevaba a cabo su empeño, y lo bueno es que, fuese como fuese, acababa seduciendo y fascinando a la dama de turno.

Gregoria Zuñiga es un buen ejemplo de todo esto. La conoció al visitar a sus padres. Ella confesó más tarde que su hermana y ella, pese a las severas reconvenciones maternas para no dejarse ver por el visitante, siguiendo las rígidas costumbres morales de la época, podían ver a Emiliano y a su hermano Eufemio, también presente, gracias a un agujero en la cocina, donde las habían encerrado.

Pero también Emiliano y Eufemio descubrieron esa secreta abertura y curiosearon por ella, pudiendo ver a ambas muchachas, que se fingieron escandalizadas, aunque las divertía y excitaba verse contempladas por los dos hermanos Zapata.

—Buenas pollitas tiene este viejito... —comentó Eufemio, refiriéndose a las hijas del anfitrión.

Emiliano asintió, pensativo, tras ver a Gregoria, de cuya belleza se prendó de inmediato. Se propuso hacerla suya y, recurriendo a su técnica más habitual, la raptó, llevándosela consigo. El viejo padre se quedó abatido, pero Emiliano, prontamente, fue a hacer las paces con él, disculpándose por su comportamiento y asegurando que amaba a su hija. El buen hombre aceptó las disculpas y se reconcilió con Emiliano, tal vez por ser éste quien era.

Lo cierto es que Zapata le puso una casa en Quilamula, e incluso llegó a ponerle teléfono. Ella misma reconocía después:

—Emiliano me ama, me mima mucho, soy feliz con él, y me siento como una reina a su lado.

Incluso, una vez desaparecido Zapata, ella siguió repitiendo lo mismo a quien quería escucharla y recordaba con lágrimas en los ojos su felicidad perdida junto al hombre que la raptó un día.

Como se ve, en su vida sentimental el guerrillero fue un hombre tan decidido y audaz como afectuoso y caballeresco después de hacer suya a una mujer. Eso hizo, sin duda, que nunca hubiera comentarios negativos ni censuras para el amante. Por otro lado, cuando tenía hijos parece ser que no era por capricho, sino porque realmente amaba a los niños. Prueba de ello son sus esfuerzos, sus afanes centrados en educar a la infancia, en dar estudios a los pequeños y evitar que, en el futuro, los hombres y las mujeres creciesen con graves carencias culturales. Uno de sus impulsos como líder guerrillero fue el de que se crearan escuelas, e incluso exigía a todos los dirigentes municipales que levantaran colegios y dieran enseñanza a los niños, por encima de todo.

Todo hombre, por famoso que sea en la actividad que desempeña, tiene, como se ve, el lado más oculto, y posiblemente más tierno, que es aquel que solamente se manifiesta en su vida íntima, y Emiliano Zapata lo demuestra en su biografía, al descubrirse en ella ese lado cálido, sensible, tan alejado de la violencia, agresividad y dureza de su existencia como militar rebelde, al frente de sus tropas campesinas en el sur de México.

Hubo muchas más aventuras sentimentales que sumar a las ya citadas, pero casi todas ellas resultan confusas y carentes de detalles de verdadero interés, puesto que no fueron sino simples aventuras de soldado, amoríos de una noche o de unos pocos días, entre batalla y batalla, o simples relaciones con prostitutas o con mujeres atraídas por el encanto romántico y sensual del caudillo rebelde. La verdad es que Emiliano no fue casi nunca un amante demasiado fiel, y que su promiscuidad forma parte de su agitada vida de aquellos años.

Posiblemente, de haber sido todo diferente, de haber llegado él a la pubertad y posteriormente a su época adulta en un ambiente campesino pacífico, provinciano, Emiliano hubiera sido un hombre como todos los demás, con su novia formal, su matrimonio, su vida hogareña y poco más. Pero él no era un hombre normal, sino ni más ni menos que Emiliano Zapata, el gran líder guerrillero de toda una región. Su vida íntima, por tanto, tampoco podía ser normal ni corriente. Ya habla suficientemente de su honestidad el que toda relación amorosa fuese tan digna y tan exitosa, sin que ninguna de sus amantes llegase a repudiarle o censurarle falta alguna.

Capítulo VI

— Villa y Zapata —

E XPLICADO el apartado de la vida sentimental de Emiliano, volvamos de nuevo al punto en que dejamos este relato, que fue justamente en vísperas del gran encuentro entre él y aquel hombre también mítico, de nombre real Doroteo Arango Arámbula, más conocido como *Pancho* Villa.

Ocurría ello en Xochimilco, en noviembre de 1914. El lugar hervía de bullicio, de entusiasmo popular, de flores y de gallardetes, esperando la llegada de ambos líderes. Todo era festivo en el lugar, pese a que las huellas de la guerra y de la violencia permanecían fijas en muchas mentes y también en muchos cuerpos.

Seguían escuchándose en mil lugares diversos, al compás de la música pegadiza y de tragos del tradicional «curado de apio», la bebida local:

> *«Si Adelita se fuera con otro,*
> *la seguiría por tierra y por mar.*
> *Si por mar en un buque de guerra,*
> *si por tierra en un tren militar...»*

Pancho Villa entraba en la población a caballo, con una pequeña escolta de sus hombres, los más selectos de sus tropas, los llamados *dorados*. Formando así mismo a caballo, rifle en ristre, cientos de hombres, guerrilleros todos ellos, montaban una especie de guardia de honor en homenaje al caudillo del norte.

Momentos después, Emiliano Zapata, seguido de un grupo de sus leales, imitaba a Villa, entrando así mismo en Xochimilco, para ir al encuentro de su camarada norteño. La gran reunión iba a comenzar. Los dos caudillos de la Revolución se encontraron al fin frente a frente. Se miraron. Se produjeron las presentaciones de rigor, y un fuerte abrazo unió a ambos hombres por unos momentos. Tras un profundo, emocionado, silencio general, estallaron por doquier vivas a Villa y a Zapata, así como a la Revolución y a los ejércitos del norte y del sur.

Empezaron a repicar las campanas de todas las iglesias de Xochimilco y llovieron flores sobre ambos mandatarios y sus séquitos, haciendo con ello honor al nombre mismo de la ciudad que los acogía, ya que Xochimilco significa «lugar de las flores» y nunca como ahora se podía demostrar la justicia de ese nombre. El estampido de los cohetes atronaba el cielo, con un estruendo que parecía hablar de paz y no de guerra, por primera vez en muchos años.

El ambiente no podía ser más festivo ni más optimista, tras el encuentro de los dos líderes. Las gentes esperaban tanto de aquella reunión decisiva, que las esperanzas y las ilusiones del pueblo se habían disparado hasta límites de verdadera euforia. El entusiasmo de los mexicanos hacía presagiar lo mejor, incluso en un panorama tan cambiante por entonces en el país y que tantas decepciones había provocado hasta el momento.

La escuela del pueblo había sido el lugar escogido previamente para el gran encuentro, y hacia ella se dirigieron, tras las salutaciones y en medio del clamor general, los dos hombres más carismáticos de su época. El uno junto al otro, como símbolo de una unión que podía ser definitiva, manteniendo ambos la calma en medio de tanto jolgorio, conscientes los dos de lo que de ellos se esperaba y lo que dependía de sus acuerdos.

Cuando cruzaban las engalanadas calles y plazas, rodeados de sus respectivos séquitos de guerrilleros, el contraste entre el uno y el otro se hacía más patente, al menos en lo físico.

Mientras Villa era un hombre alto, fornido hasta resultar grueso, de tez rojiza y ataviado de un modo que no indicaba nada que fuera típicamente nacional, Zapata vestía su tradicional ropaje charro, profundamente mexicano, con el pantalón ajustado, la camisa blanca, la chaqueta bordada y el sombrero de anchas alas. La indumentaria de Villa, por contra, resultaba cuando menos chocante: pantalones de montar de color caqui, un jersey grueso color café, botas pesadas y un pintoresco *salacot* de explorador rematando su recia cabeza, prenda en él muy habitual. Eso acentuaba todavía más el contraste entre ambos.

Emiliano era más bajo, más esbelto y de tez oscura, broncínea, delgado de facciones y con la nota centelleante de las hileras de botones de plata cosidos a lo largo de sus pantalones en ambas piernas. En su mano, ostentaba dos gruesos anillos de oro. Al lado suyo se hallaban en ese momento su hijo pequeño, Nicolás, y su hermana María de Jesús. A Villa no parecía importarle nada de todo aquello, puesto que pensaba que cada cual debía atenerse a su modo de ser y de pensar.

Sin embargo, ese contraste puramente físico existía también en lo anímico, en lo temperamental. No es de extrañar, puesto que procedían de ambientes muy distintos, como eran el norte y el sur del país. Ya se sabe que la geografía local influye, y mucho, en el desarrollo de las personas, puesto que éstas no pueden ser idénticas si su procedencia tiene las diferencias que entre ambas regiones existían en este caso concreto.

El norte de México es tierra desértica en ocasiones y montañosa en otras, pero siempre agreste, árido o abrupto, según los casos. El modo de ser de Villa tenía que ajustarse a ese medio ambiente en que se había criado, por lo que no tenía nada de raro que su carácter fuese atrevido, incluso intempestivo y temerario. Si no, ¿qué se podía decir de un hombre que había sido capaz de involucrarse e involucrar a su país en una guerra abierta nada menos que con los Estados Unidos, no hacía mucho? Era, a todos los efectos, el típico producto del hombre del norte, lanzado por las circunstancias a con-

vertirse en un líder de su gente, defendiendo las injusticias y prote-
giendo al oprimido y al explotado.

Aunque en esto último sus ideales pudiesen coincidir, Emiliano
Zapata era producto del sur, de tierras verdes y frondosas, de culti-
vos y de bosques, enraizado como una planta más a aquella tierra
tan diferente a la de Villa. Tal vez por eso, Zapata era persona de carácter profundo, de hermetismo, de secretas pasiones, inamovible
en sus convicciones. Luchaba, como no hacía Pancho Villa, por la
tierra y por sus hombres, pero de manera diferente.

Una de las grandes diferencias estribaba en que la forma de vida
de sus respectivas regiones no era la misma. En tanto que en el norte no existía el régimen de propiedad de las tierras, en el sur había
que proteger a las comunidades expropiadas por hacendados sin escrúpulos o por grandes empresas extranjeras. En Zapata había raíces del orgullo de sus antepasados, en Villa el desarraigo y la pelea
por las pequeñas propiedades. Eso marcaba también las distancias
entre el pensamiento de uno y de otro, aunque coincidieran en lo
fundamental, que era la lucha contra la opresión.

Precisamente aquella reunión tenía por objeto aunar voluntades, lograr un entendimiento entre ambos, que pudiera convertirse
en una complicidad provechosa para todos. Era obvio que, pese a
su aureola y su prestigio, hasta el momento cada uno había luchado por su lado, y todos pensaban que había llegado el momento de
conseguir una unión de objetivos revolucionarios que acabara con
los altibajos políticos y, de paso, con las ambiciones de Carranza.

Inicialmente, la cosa no se mostró nada sencilla, porque entre
ambos, recién presentados, había un cierto clima de incomodidad.
En el interior del colegio se produjo un silencio tenso, que parecía
como si ninguno de ellos se atreviera a romper, en tanto ambos se
contemplaban, pensativos y en el fondo algo calculadores. Mientras
tanto, ajeno a los problemas de los mayores, y por ello mucho más
distendido que todos, el pequeño Nicolás se había dormido profundamente, lo que hizo sonreír a Villa paternalmente, y en cierto modo
romper el hielo del encuentro inicial. Tras un guiño de complicidad
a su padre, Villa acabó por romper el silencio:

—Siempre estuve con la preocupación de que ustedes, los zapatistas, se fueran quedando olvidados, pues yo tenía empeño en que entraran en esta revolución. Como Carranza es un hombre así, tan descarado...

Zapata se relajó, asintiendo. Recordaba muy bien el líder sureño los acontecimientos acaecidos en el norte anteriormente, cuando su ahora interlocutor tenía al propio Carranza como jefe. Eso era al inicio de 1913, tras el asesinato de Francisco Ignacio Madero por parte del general Huerta. Recordaba también Zapata que, bajo ese mandato de Carranza, y en su nombre, Villa había tomado a sangre y fuego las poblaciones más importantes del centro del país. Pero lo cierto es que las victorias debían ser atribuidas a Villa, no a su jefe, del mismo modo que él, Emiliano Zapata, era el artífice único e indiscutible de las victorias revolucionarias en el sur. En estos momentos, la reunión de ambos tenía un claro objetivo para los dos: derrocar a Carranza, su adversario común.

Ambos sabían muy bien que eran despreciados por Carranza, que, tras aprovecharse de ellos para sus fines políticos, los consideraba dos hombres zafios, que no podían tener cabida en modo alguno en sus planes de gobierno. Simplemente, se había valido de ellos cuando los necesitaba, pero las diferencias culturales y de clase social entre Carranza y los dos guerrilleros pesaban más en el político que cualquier otro sentimiento de gratitud, reconocimiento o admiración personal. Eso, fundamentalmente, había sido el factor que les separaba.

Tras escuchar atentamente las palabras iniciales de Villa, Zapata respiró hondo, hizo un gesto expresivo con la cabeza y respondió, más contundente:

—Yo siempre lo dije: ese Carranza es un canalla.

Villa trató de justificar esa circunstancia, pese a ser el primero en censurarla y enfrentarse a ella:

—Son hombres que han dormido siempre en almohada blandita. ¿Cómo van a ser amigos del pueblo que toda la vida se lo ha pasado de puro sufrimiento?

Era una especie de reconocimiento tácito de que él, Villa, no podría aspirar nunca a ser jefe de gobierno, ni tan siquiera se le había pasado tal idea por la cabeza jamás. Por otro lado, establecía el hecho innegable de que existía una diferencia de clase indiscutible entre ellos dos, gente del pueblo llano, y Carranza, hombre de otra condición social, cultural y económica.

Por si hubiera dudas, confió a Zapata poco después:

—Yo no necesito puestos públicos porque no los sé lidiar... Comprendo muy bien que la guerra tengamos que hacerla los hombres ignorantes y que los gabinetes la aprovechen, pero que ya no nos den qué hacer.

Zapata asintió, porque él tampoco era hombre que aspirase a cargo político alguno, que no luchaba ni había luchado por ambiciones de poder, y que su único objetivo, como el de su interlocutor, había sido implantar justicia social entre aquellos que no la recibían. A él, como a Villa, todo aquello de la capital le venía demasiado ancho, y sabía que se hubiera encontrado incómodo en la ciudad de México, y más aún dentro de un gabinete gubernativo. Eso, decididamente, no era lo suyo ni nunca lo había sido.

—Este rancho —dijo Zapata, aludiendo a la propia capital— es muy grande para nosotros, se está mejor por allá fuera...

Ambos hombres, por tanto, estaban de acuerdo en ese punto, y su falta de ambiciones políticas parecía hacer más absurdo el enfrentamiento de Carranza con ellos dos. En cambio, su rebeldía contra el que se consideraba nuevo gobernante del país sí estaba totalmente justificada, ya que lo único que exigían ambos caudillos era que se terminaran de una vez las diferencias en su pueblo, y que la vida de su gente mejorara, hasta hacer innecesaria cualquier otra forma de revolución.

Pero eso no parecían entenderlo los poderes públicos, empeñados en mantener un estado de cosas que favorecían siempre a los mismos, en perjuicio de los humillados de toda la vida. Por eso luchaban, por eso habían luchado y por eso seguirían luchando.

—Nuestro pueblo no ha tenido nunca justicia, ni siquiera libertad. Todos los terrenos principales los tienen los ricos y él, el pobrecito encuerado, trabajando de sol a sol. Yo creo que en lo sucesivo va a ser otra vida, y si no, no dejaremos estos *máusers* que tenemos...

Eran palabras de Emiliano Zapata, confirmando las tesis de Villa. Ambos, por tanto, estaban totalmente de acuerdo en sus ideas. Se da la curiosa circunstancia de que, al término de la reunión, y para demostrarle su simpatía, Zapata ordenó que les sirvieran coñac. Él bebió de un trago, pero cuando Villa le imitó empezó a toser violentamente y casi se ahoga. Lo cierto es que el caudillo del norte era abstemio por completo, y había probado el licor para no desairar a su nuevo amigo. Esto hizo reír a Zapata y estrechó más aún los incipientes lazos entre ambos hombres.

Pero no todo era como parecía, y lo cierto es que, si Villa se mostraba franco y abierto, como en él era costumbre, su interlocutor se mantenía un poco distante en el fondo, como con una cierta dosis de soberbia en su interior. Tal vez eso formaba parte de su modo de ser, y no era del todo perceptible en esos momentos de euforia, pero uno se pregunta si alguien tan astuto como Villa no se dio cuenta de inmediato de que algo entre ellos dos no andaba tan bien corno pudiera parecer.

Eso explicaría algo de lo que en el futuro iba a suceder, y que no resultaría bueno para uno ni para otro, y menos aún para la revolución y sus ideales.

Pero de momento las cosas parecían rodar de maravilla, y todo eran plácemes y felicitaciones en torno a los dos mandatarios rebeldes. Aquella había sido una conversación pública, con colaboradores directos de ambos presentes en la reunión, y al término de la misma Villa volvió a demostrar su carácter abierto, al pronunciar una frase que su interlocutor aceptó con cierta reticencia:

—Celebro este encuentro con los verdaderos hombres del pueblo —dijo alzando un vaso con agua, a modo de brindis y para pasar el mal trago anterior de la copa de coñac.

Zapata hizo el gesto de brindar, pero su rostro se mantuvo hermético, aunque agradeció las palabras de Villa con aparente sinceridad. Posiblemente en el fondo le molestó eso de que a sus hombres les llamase «del pueblo», como si con ese concepto diferenciase a su bien trajeada tropa —los hombres de Villa vestían siempre de uniforme y sus ropas estaban compradas en los Estados Unidos—, frente a los humildes soldados de Zapata, ataviados todos ellos como los tradicionales campesinos mexicanos, con el calzón blanco.

Tras la charla ante testigos, Villa y Zapata se retiraron a otra estancia, esta vez solamente con la presencia del secretario de Emiliano, Manuel Palafox, para acordar una alianza real entre sus respectivas fuerzas, las llamadas División del Norte y Ejército Libertador del Sur. En ese sentido no hubo objeciones por ninguna parte, ya que Villa aceptó los principios por los que luchaban los zapatistas, e incluso prometió enviarles pertrechos militares, de los que se carecía por completo en el sur, y que Villa podía adquirir en los Estados Unidos, donde también obtenía armas y municiones. Ésa era una ventaja que Emiliano no tenía, puesto que se veía obligado a luchar con los pertrechos y armas que conseguía arrebatar a sus adversarios.

Otro de sus acuerdos fue el de intercambiar prisioneros carrancistas y federales con los que cada uno de ellos tenía cuentas pendientes, para que Villa por un lado y Zapata por otro procediesen a las respectivas ejecuciones. Se trataba de un convenio que puede parecer brutal y sangriento, pero que, dadas las circunstancias en que se vivía aquel momento, entraban perfectamente en lo explicable.

El compromiso final de ambos hombres fue el de que, mientras Villa combatiría con todas sus fuerzas en el norte, Zapata atacaría Puebla, donde se hacían fuertes los federales y carrancistas en aquellos momentos. Todo hacía suponer, según se ve, que, unidos los dos hombres, pronto la guerrilla iba a controlar la totalidad de México, con el triunfo definitivo de la Revolución. Pero lo que parecía una realidad inmediata, por desgracia para todos ellos no era más que una utopía, como no iba a tardar en comprobarse.

Lo cierto es que las cosas hubieran podido ser como soñaban aquellos hombres ilusionados, pero algo falló en tan buenas intenciones, y ese algo pudo ser la falta de rigor y de cumplimiento de todos los acuerdos adoptados con tan aparente buena voluntad. Faltó unidad, se concedieron a los políticos ventajas con las que éstos no contaban y, andando el tiempo, en esas circunstancias, el desenlace no podía ser más que uno.

Capítulo VII

— Carranza —

N ADA de cuanto sucedía y estaba sucediendo se explica claramente sin conocer antes al hombre que había provocado todo ese movimiento popular en contra del Gobierno establecido. Ese hombre, naturalmente, era Venustiano Carranza, a la sazón un hombre de sesenta y cuatro años, justo cuando se reunían en Xochimilco Villa y Zapata.

Nacido en Cuatrociénagas, Coahuila, en 1850, era hombre de buena familia, culto y de excelente posición económica, como ya mencionara irónicamente Pancho Villa en su diálogo con Zapata. Nadie más distinto que cualquiera de los dos guerrilleros, que aquel hombre severo, distinguido, de gruesas gafas y poblada barba blanca. Sin embargo, aquel político ambicioso e inteligente no había tenido escrúpulos en aceptar la colaboración de un hombre como Pancho Villa, al que en el fondo despreciaba, como jefe armado de sus fuerzas cuando resolvió acabar con la tiranía militar del general Victoriano Huerta.

Pero después no tuvo reparos en deshacerse de quien le había hecho el trabajo duro, por sus escrúpulos en situar dentro de su gabinete a un hombre de otra condición social. De ahí la enemistad latente entre Villa y su antiguo jefe, que había desembocado en franca enemistad y posteriormente en antagonismo total.

Carranza sí gustaba de apegarse a la poltrona del poder, era un político con ambiciones, y su objetivo era convertirse en el presidente de la República. Muchas de sus promesas iniciales de cambiar las injustas leyes y proteger al pueblo y al campesinado de injusticias sociales, se las llevó el viento cuando alcanzó ese anhelado poder, e incluso mucho antes.

Gracias a Villa, que en junio de 1914 vencía a Huerta en la batalla de Zacatecas, el dictador era definitivamente derrotado y debía renunciar a su cargo, con lo que se abría el camino para que las ambiciones políticas de Carranza se hicieran realidad.

Pero lo cierto es que, desde el mismo día en que se conocieron, Villa y Carranza no simpatizaron en absoluto. Al guerrillero le irritaba el comportamiento del político, y a éste la zafiedad de su aliado. Mientras, para Villa, Carranza era un «perfumado» que carecía de valor militar y al que le sobraba ambición, Villa era para Carranza un hombre salvaje e incontrolable. Con esos puntos de vista, no resulta difícil imaginar que la mutua simpatía brillaba por su ausencia, y que la unión de ambos hombres se podía romper en cualquier momento, como así sucedió.

A Carranza también le preocupaba, y mucho, la figura de Emiliano Zapata y sus campañas en el sur, pero de momento lo sentía demasiado lejos como para advertir la necesidad de enfrentarse a él. En cambio Villa era un aliado cercano, que podía ser un enemigo demasiado próximo, y de hecho así sucedió cuando, por culpa del propio Carranza, Villa fue forzado a no entrar triunfalmente en México para celebrar la caída de Huerta, sólo porque Carranza procuró que el caudillo del norte no recibiera el suficiente carbón para el tren en que viajaba con sus tropas hacia la capital.

Con ello, tuvo que ser Álvaro Obregón quien hiciese su triunfal entrada en la capital, borrando así de un plumazo la gran ocasión del verdadero vencedor de aquella lucha. Ante esa situación, Pancho Villa, dominando difícilmente su ira, regresó a Chihuahua para empezar a madurar sus propios planes de revancha contra Carranza.

Eso sucedió en cuanto a la relación directa entre Villa y Carranza. A partir de la reunión de éste, en Xochimilco, con el líder sureño Emiliano Zapata, la persona de éste comenzó a ser motivo de preocupación para Carranza, que veía en el nuevo aliado de Villa a uno de sus adversarios más peligrosos ante el futuro.

No se equivocaba en esto, porque Carranza iba a ser tan odiado por Zapata como por el propio Villa no tardando mucho, y con plenas razones para ello. Mientras ambos caudillos se reunían cerca de la capital, Carranza gobernaba desde la nueva sede del Gobierno, en Veracruz. Y desde allí tejía los hilos de la telaraña que pensaba tender contra todo movimiento revolucionario que desafiase su poder.

Bien ajenos a todo ello, continuaban los faustos por la reunión histórica de Villa y Zapata, no ya en la propia población de Xochimilco, sino en la mismísima capital, México, engalanada como nunca para recibir a los dos líderes y sus tropas. Naturalmente, con la ausencia del gabinete presidencial, que ahora tenía su sede provisional en Veracruz para evitar la humillación de asistir a las celebraciones revolucionarias.

Cuarenta y ocho horas después de su primer encuentro, Zapata y su aliado del norte desfilaban juntos por las calles de la ciudad de México, al frente de un disciplinado ejército de más de cuarenta mil hombres en total. Los unos pulcramente uniformados —los de Villa, como siempre— y los otros con sus ropas de campesinos, que es lo que en realidad eran los soldados de Zapata. Se aireaban estandartes con la Virgen de Guadalupe, pero cada soldado llevaba dentro de su propio sombrero la imagen del santo al que se encomendaba antes de entrar en combate.

Las gentes que asistían en las calles a aquel impresionante desfile pensaban que todo aquello no podía sino significar el fin de toda lucha y el inicio de una paz estable y duradera. Era como la promesa de la llegada de un gobierno fuerte y unificado, que resolvería de una vez por todas las eternas rencillas que habían ensangrentado el país durante todos aquellos años.

Bajo una lluvia de serpentinas, de flores y de papelillos de colores, cabalgaban juntos aquellos dos hombres míticos, seguidos por sus fuerzas militares. Pero incluso en esos momentos el contraste entre ambos hombres hubiera podido ser evidente para un buen observador.

Mientras Villa montaba airosamente, radiante, agitando sus brazos de forma abierta, exultante y con una amplia sonrisa, Emiliano Zapata, a su lado, llevaba su montura con mano firme, tensa, con una aparente calma e inexpresividad en su duro semblante. Una vez más, con matices, se apreciaban las diferencias de temperamento y modo de ser de aquellos hombres. Lo que en uno era soltura y entusiasmo, en el otro era tensión y hermetismo. Dos modos de ser, dos modos de sentir, dos modos de pensar. No era un buen principio para nada esperanzador, pero de eso la gente no se daba cuenta. Tal vez ni ellos mismos, al cabalgar tan juntos y, a la vez, tan distantes.

Eulalio Gutiérrez era el presidente que pocas semanas antes habían elegido los revolucionarios por unanimidad, elección corroborada por la mayor parte de los generales que prestaban su apoyo a la Revolución. Les esperaba ante el palacio nacional, en olor de multitudes, y en un claro enfrentamiento a la postura de Venustiano Carranza, recluido en su actual sede gubernativa de Veracruz. Unidos los tres, entraron en el recinto, y se cuenta que Pancho Villa, ante el sillón presidencial que antes ocuparan gente como Porfirio Díaz o el general Huerta, pareció seguir un acto impulsivo, muy propio de él, y se acomodó en el asiento, invitando a los demás a imitarle.

Al mismo tiempo, con una clara intención irónica, llena de picardía, comentó en voz alta:

—¿Y por *esto* nos estamos todos matando?

Parece mentira que un comentario así pudiera surgir de labios de aquel a quien se definía como un hombre tosco, rudo e incluso inculto. Pensándolo bien, ¿no es eso mismo lo que está sucediendo en todos los paises desde que el mundo es mundo? ¿Cuántos crímenes, cuántas injusticias, cuántas ambiciones y cuántas barbaridades lleva cometidas el hombre — y las que seguirá cometiendo—, sólo por la ambición tan simple en el fondo, como dijo Villa, de ocupar un sillón que signifique poder?

En aquel momento se tomó una fotografía histórica, donde una vez más quedaría reflejado de forma involuntaria lo que unía y separaba a ambos revolucionarios. La cámara no hizo sino captar lo que era obvio, porque se dice que a un objetivo fotográfico no se le puede engañar, y tal vez sea cierto. Con su imparcial crudeza, reveló justamente lo que veía: la expresividad y osadía del hombre del norte, junto a la tosquedad y escaso sentido del humor del sureño. Mientras Villa mira risueño hacia la cámara que les enfoca, Emiliano dirige una mirada de desconfianza hacia ese mismo punto, mientras sostiene su sombrero entre las piernas.

Todo era como una silenciosa y muda premonición de un futuro no muy lejano que estaba por llegar y que iba a romper de raíz todas las ilusiones y esperanzas puestas en aquel histórico encuentro. Al contrario de lo que todos pensaban, aquella unión entre villistas y zapatistas estaba condenada al fracaso más absoluto, y la cordialidad y unidad de criterios entre ambos líderes iba a durar muy poco tiempo.

Los dos eran grandes caudillos, sí. Los dos perseguían unos mismos fines para su país y para su gente. En el fondo, por desgracia, los dos pensaban de igual forma respecto a lo que debía ser su país y no era, pero no se daban cuenta de que les separaba un abismo infranqueable: ellos mismos y su diferente manera de ver las cosas, su temperamento, su mentalidad, su propia persona en suma.

Históricamente visto, no se sabe dónde estuvo el fallo. Puede que Villa debiera haber sido más comedido y serio. Puede que Zapata hubiese tenido que mostrarse más abierto y menos receloso. Pero ellos no podían evitar ser como eran, y lo cierto es que ninguno de los dos intentó cambiar ni adaptarse a las circunstancias. Siguieron siendo ellos mismos, y eso abocó al fracaso la tan cacareada unidad revolucionaria, que hubiera salvado al país de lo que se le venía encima... y sobre todo a ellos dos muy especialmente.

Resulta fácil ver los fallos o los errores en la distancia, pero es probable que las cosas no fueran tan sencillas como queremos imaginar que hubieran sido, de ceder ambos en su propia idiosincrasia. Lo cierto, lo único cierto, es que en aquel momento preciso las cosas eran como eran, y no podían cambiar. Para quien crea en el destino será sencillo culpar a éste de lo que había de venir, y para los demás quedará la convicción de que la culpa fue única y exclusivamente de ellos dos y de su distinto modo de ser.

Terminados los festejos, cada cual se fue por su lado, aun permaneciendo dentro de la capital. Villa visitó la tumba de Madero e incluso lloró ante ella, porque con él había sido fiel hasta el último momento. Y porque Villa era así. Incluso hizo colocar una placa con su nombre en la que hasta entonces fuera calle de Plateros. Entre tanto, Zapata se retiraba a su propio alojamiento, sin manifestarse públicamente en ningún sentido, siempre taciturno y alejado de las grandes expansiones.

Aunque en general ya hemos dicho que los revolucionarios de ambos sectores se comportaron de modo ejemplar en la mayoría de los casos durante su permanencia en la capital, no faltaron lamentables hechos aislados, en los que los zapatistas o los villistas cometieron algunos actos vandálicos que concluyeron en diversos asesinatos. Eulalio Gutiérrez, el presidente actual, no pudo evitarlo ni tan siquiera castigar a los culpables, y entonces se dio cuenta de que no le era posible controlar a Villa ni a Zapata, y que carecía de toda autoridad sobre ellos.

Anonadado por esa convicción, Gutiérrez resolvió abandonar, desapareciendo de la ciudad inesperadamente. Ante el vacío de gobierno provocado por su deserción, tanto Zapata como Villa resolvieron que era preciso buscar un sucesor, y eligieron de mutuo acuerdo a otro político como presidente de México, un político que no fuese difícil de manejar. El elegido fue Roque González Garza.

Como se ve por el propio devenir de los acontecimientos, ni Emiliano Zapata ni Pancho Villa tenían el menor interés en ocupar aquel sillón que provocara el comentario jocoso de Villa, puesto que a ninguno de ellos se le pasó por la cabeza nombrarse presidente, pese a lo favorable de las circunstancias para que tal cosa fuese aceptada con el beneplácito general.

Este cambio presidencial en la ciudad de México se había producido en enero de 1915, mientras allá, en Veracruz, el otro presidente no reconocido por los revolucionarios, Venustiano Carranza, seguía pacientemente los acontecimientos, mientras no dejaba de tejer sin prisas pero sin pausa su astuta tela de araña.

Su estrategia empezaba a dar sus frutos. Siguiendo la norma de siempre, aquella del «divide y vencerás», Carranza veía ya que eran tres los distintos gobiernos que se disputaban el mandato del país: el de Eulalio Gutiérrez que, ante su fracaso en la capital, había trasladado su gabinete a San Luis Potosí; el de México capital, con los villistas y zapatistas como valedores del gabinete incierto de González Garza, y el suyo propio en Veracruz.

Las cosas no podían seguir así por mucho tiempo, y él lo sabía. Era un político de verdad, un hombre de carrera, y sabía que el tiempo jugaba por entero a su favor. Sabía que su ocasión estaba a punto de llegar. Y que iba a aprovecharla hasta sus últimas consecuencias.

La unión entre los revolucionarios del norte y del sur iba a ser tan efímera como los excesos y borracheras de sus gentes en las calles de México. Y el error fue de ambos a la vez, sin que se pueda culpar de ello totalmente ni a Villa ni a Zapata, sino a ambos al mismo tiempo.

Cierto que Villa olvidó pronto su formal promesa de proveer de las armas y munición adecuadas a las fuerzas de Emiliano, y que éste a su vez le pagó a su colega del norte con la hostilidad y la retirada de su confianza en el pacto. Ambos se sintieron agraviados, sobre todo Zapata, que esperaba tanto de su acercamiento al líder del norte.

Todo ello no podía sino desembocar en una ruptura abierta entre ambos, cuando todavía no se había comenzado a solidificar su unión en algo concreto. Ruptura que beneficiaba sobre todo a Carranza quien, por medio de su leal Luis Cabrera, dictaba la ley del 6 de enero de 1915, por medio de la cual se anunciaba el reparto de tierras ejidales y la destrucción de todo tipo de latifundio. Era un modo de ganarse a ciertas facciones agrarias disconformes con los métodos revolucionarios, para así erosionar todavía más la imagen de los rebeldes.

Su táctica iba dando los resultados esperados, porque en México capital las cosas empezaban a ir francamente mal para unos y otros, hasta el punto de que el propio González Garza comenzaba a sentirse inseguro en la silla presidencial y estudiaba la manera de abandonar la capital a la primera oportunidad posible.

Carranza, satisfecho por la disgregación que se advertía en la tan cacareada unidad de los rebeldes, seguía preparando minuciosamente sus planes, en los que entraba la inestimable colaboración de uno de sus jefes militares más eficientes, el general Álvaro Obregón. Bajo su mandato, las tropas carrancistas preparaban el ataque a las fuerzas de Villa, en cuanto la ruptura con Zapata fuera un hecho, ya que Carranza sabía muy bien que, enfrentado a las fuerzas unidas de ambos revolucionarios, su ejército tenía muy pocas posibilidades de éxito.

Pero él sabía esperar. Y su paciencia iba a tener recompensa no tardando mucho.

Capítulo VIII

— La paz de Emiliano Zapata —

MIENTRAS tanto, ajenos a toda la tormenta que se fraguaba en la capital federal, en Morelos, la tierra de Zapata, los colonos, agricultores y pueblerinos de la región gozaban de una paz que hacía mucho tiempo que no conocían.

Ellos no sabían que iba a ser por desgracia un período breve, pero mientras su líder viajaba a ver a Villa y las cosas se mantenían en una tensa espera, al menos en aquellas tierras volvía a reinar una tranquilidad que a todos resultaba extraña y desacostumbrada.

Muchos de los soldados del llamado Ejército Libertador del Sur se habían incorporado a sus comunidades respectivas. Volvían a trabajar la tierra, disfrutaban de la compañía de sus familias y empezaban a pensar que los avatares de la guerra quedaban ya muy lejos. Su fe y confianza en su líder, Emiliano Zapata, había aumentado hasta límites increíbles, y se sentían respetados y al margen de toda discriminación.

A fin de cuentas, Zapata había devuelto una paz, todo lo efímera que se quiera, pero paz al fin, a las clases más desfavorecidas de su tierra. Ahora nadie les explotaba ni les quitaba sus propiedades, el Gobierno no enviaba tropas contra ellos y los latifundistas no osaban meterse con nadie. Los pueblos del estado de Morelos, que entre 1911 y 1914 habían sido arrasados, primero por las tropas de Madero y luego por los soldados de Huerta, volvían a prosperar. Se repartían proporcionalmente tierras de cultivo, bosques o agua, y todo se realizaba de la manera más justa posible, contentando a todos y procurando no perjudicar a nadie. Se reanudaban las cosechas de frijoles y de maíz, así como caña y arroz, igual que en los viejos tiempos.

Pero los antiguos ingenios de azúcar eran olvidados por los agricultores, hasta el punto de que el propio Zapata se vio obligado a advertirles:

—Si ustedes siguen sembrando solamente cebollas, tomates y chiles, nunca saldrán del estado de pobreza en que siempre han vivido. Tienen que sembrar caña.

Lo cierto es que no le hicieron el menor caso, y la caña de azúcar siguió siendo olvidada, mientras en todo Morelos se vivía y se comía como nunca se había vivido ni comido. Esa repentina prosperidad les hacía olvidar los sanos consejos de su líder, lo cual era un grave error.

Zapata regresó de México, tras su encuentro con Villa y sus frustraciones con el mismo en determinadas cuestiones vitales para sus intereses, como había sido el olvido de Villa en cuanto a sus promesas de facilitarles armas y municiones estadounidenses.

Por otro lado, al fin González Garza había renunciado a su mandato, partiendo hacia Morelos con Emiliano. Era el principio del enfrentamiento de las tropas de Villa con las de Carranza, y Zapata lo sabía. No quiso esperar ese enfrentamiento, y renunció a luchar junto a su fugaz aliado. Se prometió a sí mismo no volver a luchar fuera de Morelos, y se refugió en su tierra, mientras los carrancistas tomaban la iniciativa en el norte, encarándose con las fuerzas de Villa.

El cuartel general de Zapata en Morelos fue establecido en Tlaltizapán. Desde allí, no solamente se legislaba sobre las necesidades que iban planteando las comunidades, sino que orientaba así mismo la política del movimiento zapatista.

Allí se dictaron órdenes para evitar acaparamientos; se dirigió la construcción de escuelas, una de las obsesiones de Zapata; se reorganizó el ejército zapatista, e incluso se fabricó papel moneda.

Puede decirse que Morelos era un estado independiente dentro de la República mexicana, y de hecho lo era. Se vivía al margen de toda ley federal, y aunque Zapata era todo lo contrario de un gobernante, lo cierto es que él en persona se pasaba durante ese período las mañanas en su oficina, despachando órdenes, oyendo peticiones y adoptando decisiones. Por la tarde, se le podía ver descansando en la plaza pública junto a sus ayudantes, mientras la noche la solía reservar para compartirla con alguna mujer del lugar. Como vemos, seguía siendo un buen amante, aparte de un buen rector de su pueblo.

Rodeaba por entonces a Zapata una aureola de auténtica adoración popular, de admiración sin límites, casi de fanática lealtad a su persona y a sus ideas. Resultaba lógico en las tierras en donde se habían conocido las más atroces injusticias y donde ahora la convivencia y la paz parecían ya algo definitivo.

Se había sabido rodear, como asesores, de intelectuales urbanos, aunque en apariencia no lo fuesen, a causa de su indumentaria; en Morelos todo el mundo lucía por entonces los calzones blancos de manta que los campesinos del lugar habían llevado toda su vida. El ambiente distendido y apacible que se respiraba en las calles de Morelos, así como en sus campos de cultivo, era algo que casi todos habían olvidado ya, un bien lejano que, por fortuna para ellos, había vuelto como una bendición, gracias sobre todo a Emiliano Zapata.

No había olvidado éste, ni mucho menos, la profunda decepción que su pacto con Villa había supuesto para él, y cuando algún oficial o emisario villista llegaba a Morelos por alguna razón, se le discriminaba, obligándole a cambiar sus pantalones caqui y a ponerse los calzones locales, en parte para humillarle, sin duda, pero también en parte para que no le agredieran o le llamaran despectivamente «catrín».

A fin de cuentas, aseguraban ellos, los habitantes de Morelos habían luchado por mantener viva su identidad y sus tradiciones, y a estas alturas no iban a permitir ninguna costumbre foránea en sus límites territoriales. Según los campesinos, la gente de la ciudad traía consigo tan malos presagios, que incluso los perros les ladraban, como decían algunos con cierto gracejo.

Nunca se sabrá si aquel experimento político y social de Morelos, llevado a cabo por Zapata, hubiera sido duradero y eficaz, pero lo cierto es que tampoco iban a permitirle a él ni a ninguno de los habitantes del estado llegar a comprobarlo. La paz que tanto había costado ganar, y que ahora disfrutaban los sureños, iba a durar muy poco, porque ya en el norte las tropas de Carranza empezaban a cumplir sus primeros objetivos: derrotar a Pancho Villa.

Cuando eso sucediera, los días de prosperidad y de independencia de Morelos estarían contados, porque un hombre como Carranza, si lograba vencer a Villa, no iba a conformarse con eso. Tras vencer a su enemigo del norte, no cabía la menor duda de que iría por su único adversario en el sur, capaz de poner freno a su poder: Emiliano Zapata.

Porque lo cierto es que, mientras Morelos disfrutaba de esa paz momentánea, en el norte las cosas estaban en plena ebullición.

Tras la fuga de González Garza, los carrancistas se apresuraron a ocupar la capital. También Eulalio Gutiérrez renunció a su cargo en San Luis Potosí. El general Álvaro Obregón dispuso sus tropas para atacar a las de Pancho Villa.

Mientras que los últimos días de 1914 parecían sonreír plenos de esperanza para los villistas, pronto iba a cambiar el signo radicalmente. Las tropas de Villa luchaban dispersas, al tener que mantener tres frentes distintos y distantes. Zapata no le había ayudado en el momento más necesario —era su revancha por no recibir las armas prometidas—, y el propio Villa había cometido un enorme error al desatender los consejos de su general, Felipe Ángeles, de que atacara Veracruz en diciembre de 1914, para así anticiparse a Carranza y darle el golpe de gracia. De haber escuchado al militar, es probable que la Historia hubiera cambiado. Pero Villa no hizo caso, tal vez temeroso por un posible fracaso, o posiblemente cegado por un exceso de autosuficiencia que le hizo pensar que no era necesario derrocar a Carranza y su gabinete, para ser el hombre más fuerte del norte del país. Ésa fue su más tremenda y decisiva equivocación.

Porque el general Orozco, al mando de las fuerzas federales de Carranza, se lanzó sobre las tropas de Villa, causándole la primera gran derrota en Celaya, en abril de 1915. Esta batalla fue otro error de un Villa demasiado creído de su poderío, puesto que tras una agotadora marcha de sus hombres, y careciendo de suficientes municiones para un ataque así, lanzó su ofensiva sobre la plaza defendida por Orozco, Eran treinta mil hombres al asalto. Pero treinta mil hombres cansados, agotados y sin suficiente munición de reserva. La hasta entonces invencible División del Norte recibió un durísimo golpe con esa sonada derrota.

Ya lo decían los trovadores mexicanos en sus corridos:

> *«El día 23 de abril,*
> *los combates principaron*
> *en la ciudad de Celaya,*
> *los carrancistas triunfaron.*
> *(...) Éntrale, Francisco Villa.*
> *¿No que eres tan afamado?*
> *En la Hacienda de Sarabia*
> *corriste como un venado.»*

Aquella derrota de Villa en Celaya fue un mazazo para los norteamericanos que habían confiado en él hasta apoyarle incondicionalmente en su lucha contra las oligarquías de la República. El general Ángeles, tras comprobar personalmente el abatimiento en que Villa había caído tras el fracaso, le aconsejó de nuevo, esta vez en el sentido de que se marchara a Chihuahua, donde podía hacerse fuerte contra las fuerzas de Obregón; pero en la serie de errores encadenados que estaba cometiendo últimamente el caudillo nordista, se dejó cegar por el afán de revancha, negándose a seguir el consejo y optando por plantar cara a Obregón en Guanajuaro, donde acabaron enfrentándose de nuevo en junio del mismo año 1915.

Otra vez las fuerzas revolucionarias de Villa fueron derrotadas por Obregón, teniendo que replegarse las diezmadas tropas rebeldes más hacia el norte, y debilitando con ello todavía más la desesperada situación del líder norteño en su propio ámbito. Desde la sede del gobierno de Carranza se veía todo esto con plena satisfacción, como es lógico, ya que todo ello redundaba en beneficio del veterano político, que ya veía muy pocos obstáculos entre él y el poder indiscutido en todo México.

Lo cierto es que la mente de Carranza ya empezaba a desligarse un poco de sus preocupaciones por la fuerza moral y militar de Villa, para concentrar sus pensamientos en otro punto del país que le inquietaba particularmente: el sur. El sur de Zapata, naturalmente.

Aquello sí lograba quitarle el sueño. Sabia bien que, de facto, el caudillo sureño era amo y señor de Morelos, y que en sus tierras su autoridad era absoluta, y todos le seguían como un solo hombre. Era como tener un estado independiente que se oponía de forma clara y abierta a su poder.

Ése era el único lunar en su actual posición, ya que incluso los norteamericanos, pese a su apoyo a Villa, hasta entonces muy fuerte, empezaban a hablar de reconocimiento del régimen de Carranza. Y eso que en los Estados Unidos se temía mucho, que Villa pudiera tomarse represalias contra los intereses y ciudadanos norteamericanos en Durango, Chihuahua y Sonora, donde había muchos residentes suyos.

Pero finalmente se impuso la tesis del reconocimiento del gobierno de Carranza, y ante esa situación Villa amenazó abiertamente a los yanquis con duras represalias. Pero poco después era derrotado en Chihuahua de forma definitiva y, tras su esplendorosa época de dominio del norte, Villa tuvo que huir a la sierra, acompañado de sus más fieles seguidores, convertido en lo que había sido antes de todo aquello: un vulgar bandolero al margen de la ley...

Era el golpe de gracia a la Revolución en el norte. Carranza, ya triunfante, se veía con todo el poder en sus manos. Pero aún le faltaba algo. Algo que le obsesionaba cada día más: la posición de su máximo adversario, Emiliano Zapata.

Éste no tardó en enterarse de la derrota final de su fugaz amigo del norte, y aunque no la lamentó especialmente, porque lo cierto es que él mismo, con su desidia en apoyarle, había contribuido bastante a ese desenlace, lo cierto es que su mente aguda y calculadora sopesó muy bien las posibles consecuencias del desastre del llamado Centauro del Norte.

Ahora le tocaba a él, estaba bien seguro. Carranza no permitiría en modo alguno que siguiera campando a sus anchas en el sur, y que el zapatismo pudiera hacer sombra a su carrera y a su prestigio como gobernante. Se sabía fuerte, eso sí, y respaldado de forma incondicional por su pueblo. Las cosas en Morelos seguían su ritmo pausado y tranquilo, lejos de las incertidumbres de la guerra y del dominio de los hacendados y latifundistas de otro tiempo, pero su sentido común le hacía ver con claridad que ese *status* tan beneficioso para todos ellos no iba a poder durar mucho.

No ocultó a su gente, a quienes habían combatido con él y a todo el pueblo llano de Morelos, los temores que albergaba. Todos a una le prometieron apoyo en cualquier circunstancia, asegurando que harían lo que fuera con tal de mantener aquella paz que tanto les había costado conseguir.

Zapata sabía que eran sinceros y que, llegado el momento, todos y cada uno cumplirían su promesa, pero por otro lado estaba bien seguro de que Carranza no se iba a limitar a enviar contra ellos una fuerza más o menos convencional, sino que todo su poderío militar, que ahora era mucho, podía concentrarse en cualquier momento en el ataque al sur.

Y así era. Carranza, virtual dominador de todo México en ese momento, con un gobierno fuerte y una posición política consolidada, sabía que toda su autoridad era inútil en toda una amplia región del país, donde sus leyes y dictados importaban un bledo, y en la que nadie se preocupaba siquiera de él. Aquella especie de independencia total de todo un estado le quemaba como una marca a fuego. No estaba dispuesto a tolerarlo más, ahora que Villa había dejado de ser un problema.

A finales de 1915, el zapatismo era la única preocupación de Carranza y su obsesión crecía por momentos al pensar en ello. Al hombre ahora poderoso, a quien todos llamaban «Don Venus», vaya Dios a saber por qué, le picaba el aguijón incómodo del poder de

Zapata, y sus enigmáticos ojos parecían enfocar, tras lo que la gente denominaba «misteriosas» gafas, hacia el sur de forma directa e implacable.

Zapata no era hombre que se fiara demasiado de su actual fortuna y la de su pueblo, al gozar de aquella efímera calma, y calculaba de forma minuciosa los siguientes movimientos de su gran adversario, como puede calcular un jugador de ajedrez las acciones de su antagonista sobre el tablero. Algo le decía que venían de nuevo tiempos difíciles, y una vez más avisó al pueblo de lo que se avecinaba.

Pero, no contento con avisarles, empezó a disponer las cosas por lo que pudiera ocurrir. Su mente despierta, su intuición y buen criterio le decían que se aproximaba el momento supremo. El momento en que tendrían que volver a la lucha, una vez más.

Sólo que ahora sabía él muy bien que esa lucha era a vida o muerte, que se trataba de su vida y de la de sus leales, o de la propia supervivencia del gobierno Carranza.

Y Emiliano Zapata no se sentía demasiado optimista respecto a cuál iba a ser el final de esa lucha cercana.

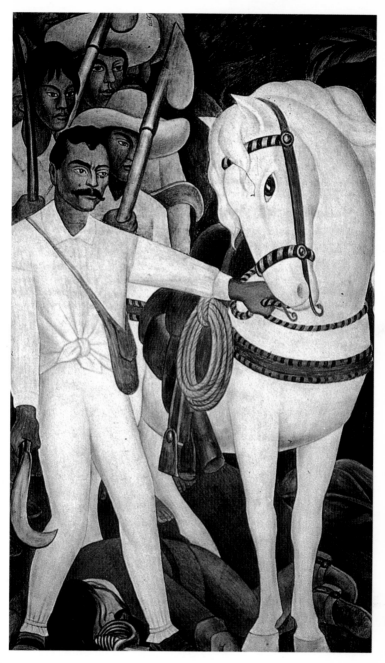

Diego Rivera: *Emiliano Zapata, 1931*. Fresco, 238 × 188 cm. Museo de Arte
Moderno, Nueva York.

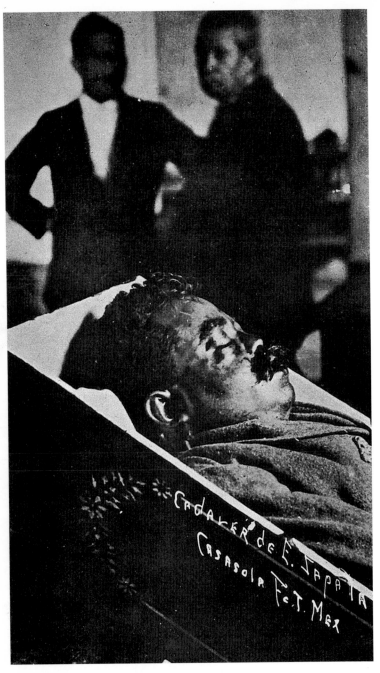

Emiliano Zapata muerto en Chinameca, 1919. Col. Fototeca del INAH.

Emiliano Zapata. Fotografía. Col. Fototeca del INAH.

En Xochimilco esperando la llegada de Francisco Villa. Sentados, de izquierda a derecha,
general Benjamín Argumedo, Emiliano Zapata y el coronel Manuel Palafox.
De pie, de izquierda a derecha, *Ignacio Campos Amescua, Mr. Carothers
y Amador Salazar, 1914.*

El presidente provisional, general Eulalio Gutiérrez, acompañado de los generales Francisco Villa y Emiliano Zapata durante un banquete ofrecido en el Palacio Nacional. Fotografía. Col. Fototeca del INAH.

El general Manuel Asúnsolo entrega la ciudad de Cuernavaca a Emiliano Zapata, acompañados de sus estados mayores, abril 1911. Fotografía. Col. Fototeca del INAH.

Emiliano y Eufemio Zapata con sus esposas. Fotografía. Col. Fototeca del INAH.

Emiliano Zapata. Fotografía. Archivo del FCE.

Segunda parte
Zapata, el mito

Capítulo Primero

— Contra todo y contra todos —

S E le ha censurado a Emiliano Zapata, por parte de algunos historiadores y biógrafos suyos, que los métodos empleados por él no fueron los mejores para conseguir sus propósitos de mejoras sociales y económicas para el pueblo y para el campesinado. Se le critica que, para alcanzar sus objetivos, apelara a la lucha contra todo orden y toda ley, dejando de ese modo en desamparo justamente a todos aquellos a los que él pretendía proteger.

Zapata había elegido combatir desde abajo, hacer *su* revolución, distanciándose de todo otro punto de vista, sin pretender jamás el poder total ni el éxito político personal. Esa forma de enfocar las cosas tenía que luchar por fuerza con los criterios de la alta burguesía mexicana de la época, a la que tanto había mimado desde siempre Porfirio Díaz, y que con su poder económico y político iban a ser los peores enemigos del zapatismo desde el principio hasta el fin. Zapata optó por luchar a su manera, siguiendo sus ideales y luchando contra todo y contra todos. Esa actitud, posiblemente, le había llevado, incluso, a no unirse a Pancho Villa en su momento, como hubiera convenido, reforzando así la revolución y, posiblemente, haciéndola triunfar de un modo definitivo, cuando ya lo tenían todo a su favor para ello.

Es probable que quienes eso sostienen tengan razón. Zapata era Zapata, y pensaba que él solo podía resolver los problemas de su pueblo a su modo y manera. Siempre rebelde, siempre huraño y desconfiado hacia los demás, rechaza sucesivamente cualquier pacto duradero y sólido con Villa o con Carranza, como antes lo había rechazado con Madero. Es una constante en su forma de luchar.

Pero, al mismo tiempo, es preciso reconocer que Zapata era un hombre visceral, fiel a sus propias raíces, dispuesto a conseguir lo que pretendía siguiendo sus propios criterios, acertados o equivocados. Es probable que nunca se arrepintiera de haber rechazado la unión con los revolucionarios del norte, pese a que esa fusión pudiera significar el triunfo definitivo. Así como Villa es sólo un combatiente, un soldado, un luchador en el campo de batalla, Zapata va mucho más allá y busca, sin ambiciones propias, el bien de su pueblo y de las gentes oprimidas, desoyendo muchas veces la voz de la razón, que le aconsejaba buscarse apoyos, amistades, protecciones que él siempre rechazó.

Tal vez por todo eso, aquellos inicios de 1916 empezaban a marcar de forma inexorable la suerte de Zapata y de su lucha. Si se hubiera avenido a aceptar el poder político de Carranza, aceptando la unificación de todo México, es probable que las cosas hubieran discurrido de distinta manera. Y eso que los pactos y alianzas en esa época distaban mucho de asegurar a nadie su supervivencia. La historia reciente estaba llena de pactos seguidos por el asesinato de uno de los pactantes a manos del otro. Y las cosas iban a continuar siguiendo igual. Pero se hace notar, en algunos estudios sobre Zapata, que Carranza al menos tenía la seguridad de que Zapata no iba a ser nunca un enemigo político para él, un opositor al gobierno, porque no eran esas las ambiciones de Emiliano ni nunca lo habían sido. Tal vez por eso hubiese respetado las reglas del juego y, tras ceder Zapata ante el poder legal constituido, las cosas hubieran terminado sin más.

Pero el destino o la voluntad personal del propio Zapata no quisieron que las cosas fueran así, y al ultimátum del presidente para que Morelos entrara en la unificación del país, sin resistencia alguna, fue respondido con un silencio zapatista que no auguraba nada bueno. Estaba claro que Morelos iba a defenderse, que Morelos quería seguir siendo el reducto zapatista independiente y sin lazos con la capital. Tal vez el temor a que las cosas volvieran a ser como en los viejos tiempos y de nuevo los campesinos se vieran desposeídos de lo que ahora era suyo, y que volvieran los explotadores a mandar y disponer en la comarca, hizo que las cosas fueran así. O tal vez Zapata consideró que ceder ahora significaba traicionar la Revolución y traicionarse a sí mismo.

Fuese como fuese, la situación estaba clara para ambos bandos: Carranza iba a atacar Morelos para reducir a los zapatistas y adherir el estado rebelde a todo aquello que ya gobernaba. Zapata iba a defender con uñas y dientes lo que consideraba su propio reducto, con una obstinación suicida.

Porque resultaba evidente que el choque no iba a ser equilibrado, ni mucho menos. El ejército zapatista siempre se había distinguido por ser lo que era: campesinos sin uniforme, con escasas armas y municiones, con mucho valor y muy pocos medios. Y frente a ellos se iba a desplegar todo el poder militar de un país entero, de un gobierno que se sabía fuerte y cuyo único adversario ya era el rebelde del sur.

Así, en los inicios de 1916, partía hacia Morelos una fuerza de más de treinta mil soldados federales, al mando del general Pablo González, elegido personalmente por Carranza para la operación, tal vez no solamente por su brillante carrera militar, sino también por su fama de hombre cruel e implacable, muy semejante a otros antecesores suyos, como Robles o el propio general Huerta, de tan infausta memoria para muchos.

Era evidente, por tanto, que los propósitos de Carranza eran los de combatir a sangre y fuego contra los zapatistas, sin darles el menor cuartel.

Sabedor Zapata de lo que se avecinaba, lanzó un manifiesto en el que, entre otras cosas, se aseguraba que «la terrible lucha que se avecinaba y que iba a ensangrentar a todo México no era sino consecuencia de la desmedida ambición de un hombre sin conciencia y de aspiraciones malsanas, así como de todos los psicópatas que le rodeaban».

El manifiesto llegó a todos los puntos de la nación, pero, por desgracia para Zapata, él mismo había elegido estar solo en aquella lucha, y nadie iba a tenderle una mano en estos momentos, ya que su mayor enemigo, la burguesía, veía en la victoria de Carranza una forma de liberación de los revolucionarios que les habían quitado sus privilegios. Incluso los enemigos de Carranza, que los tenía y no en pequeña medida, optaron por el silencio, esperando acontecimientos.

En este punto es donde se hacen notar con más fuerza las consecuencias del comportamiento de Emiliano Zapata en su enfrentamiento con los enemigos del pueblo. En su momento, él había renunciado a tener aliados que aseguraran su triunfo, tal vez porque en el fondo era un lobo solitario que no gustaba de alianzas. Ahora que tanto lo necesitaba, no existía un Villa o cualquier otro líder revolucionario capaz de echarle una mano en el terrible y definitivo pulso contra el poder establecido.

Había querido estar solo, y solo estaba. Era, a la vez, la grandeza y la miseria de aquel hombre singular. Tal vez lo que iba a destruir al hombre y crear el mito.

Los treinta mil hombres de Carranza, formados en seis poderosas columnas, penetraron en Morelos, desplegándose y envolviendo a las fuerzas zapatistas en un auténtico cerco de fuego, que iba estrechándose cada vez más en torno al reducto final de Zapata, su cuartel general y las tierras defendidas por casi el grueso de las fuerzas zapatistas.

De golpe, la paz se había terminado para aquellas gentes sencillas, habituadas ya a comer cada día, a vivir en calma y sosiego, y a ver discurrir la vida como nunca les había sido dado verla. La llamada urgente a filas, el canje de machetes y de hoces por fusiles, había roto de nuevo la paz de Emiliano Zapata. Todos, como un solo hombre, aceptaron el sacrificio y se decidieron a seguir a su líder hasta donde fuera preciso. Nadie discutió las órdenes y decisiones de su caudillo, pese a que eran como una invitación al desastre.

La primera y sangrienta victoria de las tropas federales tuvo lugar en Cuernavaca, en mayo de 1916. Para ese momento, Zapata había abandonado su cuartel general de Tlaltizapán, para unirse a los defensores de la ciudad. Su presencia allí no pudo evitar la derrota de su gente, enfrentada a una fuerza superior en número y armamento, y suerte tuvo Emiliano de poder escapar a tiempo del ataque decisivo, que rebasó sus posiciones, causó incontables bajas entre los rebeldes y provocó la captura de más de mil prisioneros. La ciudad fue asolada de forma implacable por las tropas gubernamentales, y los prisioneros enviados a la ciudad de México, desde donde luego serían deportados a diferentes regiones del país.

Ya no era posible volverse atrás, ni tan siquiera rendirse. Zapata tampoco hubiera aceptado eso en modo alguno. Era un luchador nato, un hombre cuyo orgullo y fortaleza le impedían aceptar el sometimiento, por mal que fueran las cosas.

Lo de Cuervanaca había sido un trago muy amargo para Zapata y su gente. Antes del ataque federalista, dentro de la ciudad, las defensas se habían reforzado a fondo, y la confianza de sus defensores en la resistencia ante el enemigo era total en vísperas de producirse el ataque inicial.

Sabían de antemano que las tropas que venían de la capital eran fuerzas bien entrenadas y preparadas minuciosamente para invadir y domeñar las tierras rebeldes del sur. Por eso habían hecho todos los esfuerzos imaginables para resistir la ofensiva.

Lo cierto es que les hicieron pagar cara su victoria a los carrancistas, porque, aunque cayeron muchos partidarios de Emiliano en el campo de batalla, tampoco los invasores pudieron felicitarse por el número de bajas sufrido, muy superior al que todos ellos esperaban, empezando por los propios jefes y oficiales.

Y es que la batalla por Cuernavaca fue cualquier cosa menos un paseo militar para González y sus hombres. Primero, los zapatistas lograron rechazarles en varias ocasiones, causándoles cuantiosas bajas. La artillería y los fusileros de Carranza provocaban un fragor tan estruendoso como destructor, eso es cierto. Edificios, parapetos y muros defensivos eran derribados como castillos de cartas bajo aquella despiadada lluvia de fuego.

Pero los hombres de Zapata aguantaban a pie firme, sin inmutarse, y lograron de este modo rechazar varias oleadas atacantes con total éxito.

Esto sucedía en los inicios de la batalla, y nadie dentro de la población se hacía demasiadas ilusiones sobre el final de aquélla, por bien que pintaran las cosas en principio. El propio Zapata, que estaba junto a los suyos dentro de la ciudad sitiada, impartía moral a sus hombres, arma en mano y sin dudar en enfrentarse, como un soldado más, a los hombres del general González.

Aun así, volvieron a la carga los federales, sin dar respiro a los defensores de Cuernavaca, y de nuevo llovieron proyectiles de todo tipo sobre la población, diezmando cada vez más a las fuerzas defensoras y decantando, paulatinamente, el signo de la lucha del lado de los invasores.

En cada zanja, tras cada muro en pie o protegidos por ruinas y piedras, los revolucionarios aguantaban heroicamente, sin ceder un ápice. Ello no hacía sino que corriera mucha más sangre, sin variar el rumbo de la batalla, bastante adverso pese a las encendidas arengas y entusiastas palabras de Emiliano para con su gente, a la que trataba de animar a seguir la lucha con idéntica moral, aunque él interiormente viese las cosas mal dadas.

De todos modos, en un par de ocasiones lograron no sólo rechazar al enemigo, sino diezmar sus filas de tal modo que el general carrancista se vio obligado a un repliegue estratégico para reorganizar sus líneas y volver al ataque con garantías de éxito.

Esto sí levantó el entusiasmo entre los defensores de Cuernavaca, y Emiliano dejó que fuera así, sin intentar aguarles la fiesta, pese a que se daba cuenta de que aquélla era una victoria momentánea, que no podía influir en el resultado final de tan desigual combate.

González no estaba nada satisfecho del alto precio que sus tropas estajan pagando en aquel enfrentamiento encarnizado y feroz, que no tenía trazas de terminar. Para él, aquella batalla había sido considerada previamente como un compromiso fácil de saldar, y ahora se daba cuenta de que doblegar al zapatismo distaba mucho de ser tan sencillo como él había previsto.

Pese a todo, apenas reorganizadas sus tropas, volvió a la carga, con denodado esfuerzo y poniendo toda la carne en el asador, dispuesto a terminar de una vez con aquella situación.

El nuevo y bien planeado ataque dio sus frutos al fin. Exhaustos y agotados, los zapatistas acabaron por tener que abandonar la plaza sitiada, mientras su jefe también tenía que escapar para no ser capturado por los vencedores.

Por unos momentos, planeó sobre los revolucionarios sureños la idea de la rendición, pero pronto la desecharon por innecesaria.

Además, ¿de qué hubiera servido rendirse en tales momentos? A estas alturas, ni Carranza aceptaría la rendición así como así, ni el general González se resignaría a dejar con vida a Zapata y sus más directos colaboradores. Tenían demasiado cerca la victoria final para resignarse a parar el combate. Su objetivo estaba claro: acabar con la independencia de Morelos a toda costa. Acabar con Zapata fuera como fuera. Y exterminar de raíz todo brote de revolución en el país.

Los hombres de Zapata aprendieron una dura lección con la derrota de Cuernavaca. Su resistencia al enemigo iba a tener que ser mucho más dura y desesperada. Había que defender la tierra palmo a palmo, costara lo que costara.

Se enfrentaban no sólo a un poderoso ejército sino a un hombre, el general González, que estaba demostrando una crueldad extrema con el enemigo, una falta de humanidad terrible con los derrotados, y que era capaz de represalias feroces que les hacía recordar a todos la brutalidad del general Robles en otro tiempo.

Por cierto que, cuanto mayor era la resistencia de los zapatistas y más exacerbado su heroísmo, mayor era la crueldad de las tropas invasoras. Los incendios y saqueos se unían a matanzas y violaciones sin cuento. Incluso los oficiales del general González se dedicaron al saqueo y al robo, apoderándose de cuanto de valor hallaban a su paso.

Eso no hacía sino aumentar la ira y la rabia de los defensores, que aumentaban su heroísmo hasta límites inconcebibles, como si no les asustara la superioridad numérica y material de las tropas carrancistas. La guerra en el sur era feroz, despiadada, y la campaña contra Zapata se alargaba más de lo previsto, creando una cierta frustración, no sólo en los mandos militares, sino también en el gobierno de México, donde no podían ocultar su impaciencia ante la prolongación de aquella lucha.

Emiliano Zapata hizo pública una carta redactada por él mismo, en la que se denunciaban los métodos brutales de sus enemigos, y en la que, entra otras cosas, decía:

«... han asolado poblaciones, quemado casas, destruido sementeras, saqueado las casas e incluso cometido en las iglesias sus acostumbrados desmanes. A Cuernavaca la han dejado irreconocible. Las casas están sin puertas, las calles y plazas convertidas en estercoleros...».

Y en otro párrafo añadía:

«... se llevaron incluso a todos los pacíficos, hasta el punto de que los nuestros, al tomar posesión de la plaza, sólo encontraron a tres familias ocultas».

Aquella misiva de Zapata, públicada por algunos periódicos, enfureció todavía más al sanguinario general González y su cohorte de lugartenientes, que en venganza no dudaron en cargar coléricos contra su humilde y heroico enemigo, sin miramientos de ninguna clase, ni tan siquiera con los inocentes y los que no peleaban. Si Zapata había decidido ir contra todo y contra todos, siguiendo su propio ideario, los militares carrancistas respondían en la misma moneda, pero con la diferencia de que ellos no dudaban en emplear los métodos de guerra más sucia para alcanzar sus objetivos. A tal extremo llegó la cosa, que el coronel Jesús Guajardo, de las tropas federales, hizo ejecutar sin motivo alguno a casi doscientos ciudadanos de Tlaltizapán, justificándose con la excusa de que todos ellos eran zapatistas. ¿Quién no era zapatista en Morelos, a fin de cuentas, si

Zapata era, por encima de todo, su líder, su caudillo, su ser más querido y venerado, su Dios y su todo?

Pero eso no podía ser una excusa para asesinar civiles indefensos, ya fuera mediante pelotones de fusilamiento, mediante matanzas indiscriminadas, que era lo que estaba ensangrentando hasta el paroxismo a aquellas regiones cuyo único pecado, por lo visto, había sido el de querer ser libres, trabajar su tierra, comer decentemente y mantener con una mínima dignidad a los suyos. Todo aquello que Zapata había reclamado para ellos, y conseguido al menos durante un corto espacio de tiempo, que ahora parecía lejano y perdido para siempre. Sólo eso pedían. Y sólo por eso eran exterminados, tratados como criminales y tratados como bestias o asesinados salvajemente.

A tal extremo llegaban las cosas en Morelos, que los soldados constitucionalistas, bajo la bendición de Carranza y la ferocidad del general González, lograban, con mucho, superar la marca de brutalidad y virulencia llevada a cabo por la gente de Madero o de Huerta. El 30 de septiembre de 1916 fue el día en que Guajardo llevó a cabo su crimen contra civiles indefensos. Pero eran muchas las fechas negras a anotar en aquella sangrienta agenda de tropelías de los federales en las tierras del sur.

Mientras tanto, en su sede gubernamental de la ciudad de México, Venustiano Carranza tenía en esos momentos otras preocupaciones paralelas a la invasión a sangre y fuego del estado de Morelos. El antiguo revolucionario Pancho Villa acababa de asaltar un tren en Chihuahua y había matado a los diecisiete norteamericanos que viajaban en ese convoy.

Villa era ahora un simple proscrito, un bandido que actuaba por libre en la sierra, acompañado de un grupo de leales, durmiendo acá y allá, sin madriguera fija para no ser sorprendido y cazado como una alimaña. Pero seguía siendo un problema para el Gobierno. Y menudo problema cuando se le ocurrió ni más ni menos que atacar a un poblado norteamericano fronterizo con México, el de Columbus.

Nunca se sabrá a ciencia cierta por qué obró Villa de ese modo con sus antiguos valedores, si por provocar una guerra abierta entre los Estados Unidos y el México de Carranza, por tomarse la revancha por la creencia de que Carranza se hubiera vendido a los americanos a cambio de obtener su reconocimiento oficial, o bien existía una tercera causa ajena a México y los Estados Unidos, que podía ser la labor de conspiradores alemanes, utilizando a Villa como instrumento para debilitar a los Estados Unidos, ante la posibilidad, cada vez más factible, de que interviniera en la Primera Guerra Mundial.

Fuera como fuera, la noche del 10 de marzo de 1916, Villa y su gente asaltaban la población. El fragor de los disparos, el cabalgar de los caballos y los gritos de asaltantes y de heridos llenaron la noche de confusión. En pocos momentos, la localidad queda totalmente a oscuras, y el principal hotel local, el Comercial, ardía por los cuatro costados.

Tras el cruento ataque, que dejó un considerable saldo de muertos y heridos entre los vecinos de Columbus, Villa y sus hombres atravesaron de nuevo la frontera con México, para internarse en lo más intrincado de la sierra.

Pero el objetivo de ese ataque nocturno, fuera cual fuera, estaba conseguido sobradamente. El presidente de los Estados Unidos, Woodrow Wilson, echó la culpa a Carranza por no ser lo bastante fuerte como para mantener la paz en su país y evitar sucesos como aquél.

Enfurecido, Carranza ordenó perseguir a Villa a toda costa, pero sin autorizar que fuerzas norteamericanas cruzaran la frontera, como exigía Washington. Sólo que los yanquis, haciendo caso omiso de la negativa carrancista, concentraron sus fuerzas militares en la frontera, bajo el mando del general John J. Pershing.

Villa era lo bastante listo como para no presentar batalla abierta a los norteamericanos, que pese a sus esfuerzos no consiguieron dar con el ex revolucionario. Por vez primera, la audacia de Villa consiguió ganarse incluso la simpatía de algunos carrancistas, que veían en él a un símbolo de la resistencia nacional contra el poderío extranjero.

En las escaramuzas con las tropas del Gobierno, Villa resultó herido, pero en septiembre de 1916, coincidiendo con el momento mas álgido y duro de la campaña del sur, el luchador norteño atacó por sorpresa la ciudad de Chihuahua, liberando a algunos de sus generales, que se encontraban allí prisioneros. Esa serie de golpes dañaban tanto la moral y la imagen del gobierno de Carranza, unido todo ello a la larga campaña del sur contra Zapata, que las cosas se iban poniendo feas para el actual gobernante del país.

En cierto modo, lo de Villa no era sino una revancha por lo que las tropas de Carranza estaban haciendo en el sur, aunque no fuera esa su intención, ya que no había ahora nexo alguno, ni ideológico ni personal, que uniera a ambos líderes en sus acciones. Y la unión de ambas circunstancias era, en realidad, un verdadero problema para el gabinete gubernamental, que debía repartir sus tropas y sus esfuerzos entre la campaña del sur contra Zapata y la del norte contra el audaz bandolerismo de Villa.

Todo eso constituía un pobre consuelo para los hombres de Emiliano y para la población civil de Morelos, acosada y perseguida sin cuartel por las fuerzas federales. Cierto que les llegaban vagas noticias del norte con los jaques dados por Villa al Gobierno, pero eso a ellos no les beneficiaba gran cosa, porque las tropas invasoras de Carranza, con sus crueles mandatarios al frente, seguían arrasando sin clemencia alguna las pequeñas poblaciones, las aldeas y los campos de cultivo, exterminando a muchos heroicos defensores y también a gente inocente que no se metía en nada.

Un corrido iba de boca en boca entre los zapatistas, acompañado de tristes rasgueos de guitarra, cantando de alguna manera las tropelías a que estaban siendo condenados por sus invasores:

> *«Por Dios, Venustiano, cambia de experiencia, diles a tus militares que no vayan a matar los pobres marranos, vacas y gallinas, y los guajalotes en trance fatal.»*

Pero la resistencia no cesaba, los zapatistas se batían con un heroísmo rayano en la locura, y para sorpresa de todos aquellos militares de carrera, al mando de más de treinta mil hombres bien pertrechados, las cosas empezaban a pintar mal para el Gobierno.

Batalla tras batalla, los federales se veían frente a unos soldados que, aunque en mucho menos número que ellos, y apenas pertrechados, eran capaces de ponerles en jaque y frenarlos constantemente, cuando no conseguían claras victorias y provocaban importantes retrocesos de los invasores.

Cada hombre de Zapata luchaba por diez, su resistencia era inconcebible para aquellos soldados perfectamente armados, que luchaban con eficiencia, pero a los que tal vez les faltaba aquello que animaba en forma casi sobrehumana a los hombres de Morelos: la fe en su razón, la inquebrantable seguridad de que su lucha era justa. Eso hacía que los hombres lucharan por algo que no era una simple orden emanada desde arriba, sino por lo que llevaban dentro de sí. Ellos defendían su tierra, sus ideales. Los soldados de González eran simplemente soldados, obedeciendo y haciendo su tarea sin más. Ellos no tenían nada que defender, salvo sus vidas, y aunque se sintieran fuertes y capacitados, lo cierto era que la inseguridad iba haciendo mella en su ánimo, a medida que el enemigo les vapuleaba contra todo pronóstico.

Además la gente de Zapata conocía su tierra palmo a palmo, sabía cómo emboscarse y cómo sorprender al enemigo en el momento menos pensado. No daban respiro a sus antagonistas, no les importaban las horas de sueño o el cansancio, su comida era frugal y sus necesidades escasas. Con ese bagaje, podían resistir mucho más que cualquier otro. Y se lo estaban demostrando a los poderosos militares del Gobierno.

Parecía no afectarles aquella táctica federal de la tierra quemada, la devastación, las matanzas indiscriminadas, los pelotones de fusilamiento siempre prestos a ejecutar inocentes, en represalias tan sangrientas como cobardes. Sabían a lo que se enfrentaban y no les importaba. Por ello no resulta censurable que, en cierto modo, también los revolucionarios fueran en ocasiones demasiado violentos en sus respuestas, lo que convertía aquella guerra en un enfrentamiento tan sanguinario como impacable por ambas partes. El ejército de Zapata había sido perseguido, diezmado y derrotado en muchas ocasiones por la superioridad del enemigo, pero ahora las tornas habían cambiado. Aquellos hombres no tenían mucho que perder, y eso se nota a la hora de jugarse el todo por el todo.

No importaba que un buen general, como era González, pese a su brutalidad, mandara las fuerzas federales. No importaba que tuviera a su mando a oficiales de probada experiencia y capacidad. No importaba que sus columnas militares fuesen numerosas y bien pertrechadas. En aquel momento tan difícil para la gente de Morelos, salía a relucir el orgullo de los campesinos, su sed de justicia, su afán de victoria, tal vez, incluso, sus inevitables deseos de revancha por tanto daño injusto sufrido durante años.

La moral de las tropas gubernamentales empezaba a estar por los suelos. En las últimas batallas sostenidas con los zapatistas, habían sufrido cuantiosas pérdidas y habían tenido que replegarse precipitadamente, ante el incontenible avance del enemigo y la fuerza de su ofensiva.

Varias plazas de escasa importancia, ocupadas a sangre y fuego no hacía mucho, y en las que apenas si quedaban algunos ancianos y niños con vida, milagrosamente salvados de los fusilamientos masivos, habían caído en poder de las fuerzas de Zapata. La situación comenzaba a hacerse insostenible para los federales, obligados a un paulatino repliegue, en busca de nuevas posiciones donde hacerse fuertes.

Zapata, sabedor de ese estado de cosas, no les daba reposo y enviaba a sus hombres en constantes ataques, sin dar tiempo a sus adversarios a fortalecerse ni establecerse con un mínimo de garantías de resistencia.

Los constantes triunfos zapatistas en el frente de Morelos empezaban a hacer ver a sus enemigos que, en cierto modo, la batalla estaba perdida.

El general González estaba furioso. Él, que había asolado la región, pensando que tenía bajo su bota a toda la resistencia zapatista y a todo Morelos vencido por sus armas, su crueldad y su orgullo, se veía cada vez más acosado por los hombres de Zapata. Empezaba a saborear el amargor de una derrota tan imprevisible como cierta. Le gustara o no la idea, estaba perdiendo frente a un adversario infinitamente más débil y peor pertrechado, pero con un coraje y una fuerza en sus ideales que ninguno de sus soldados podía, no ya superar, sino ni tan siquiera igualar.

Transmitió las malas noticias a la capital. Admitía que en muchos puntos del frente sureño sus tropas se veían obligadas a batirse en retirada, tras sufrir graves pérdidas. El informe cayó sobre el gabinete carrancista como un jarro de agua fría. El presidente montó en cólera, aunque manteniendo las apariencias de su frío y calculador temperamento. Sus asesores militares le aconsejaron la conveniencia de una retirada. Había que acudir a la vez a dos frentes; el del norte contra el molesto Villa y sus bandoleros, con la añadidura incómoda del descontento norteamericano contra su política, y el del sur, enfrentándose a los campesinos entusiastas y valerosos de Emiliano Zapata. Eran demasiados problemas para afrontarlos todos a la vez con una mínima garantía de éxito.

Por tanto, y de mala gana, Carranza dio al general González la única respuesta posible:

—Retirada. Abandonen Morelos con todas sus tropas.

El militar, dominando su rabia como mejor le era posible, pero sabedor mejor que nadie de que aquélla era la medida más prudente, si no querían verse diezmados y humillados, se apresuró a dar a sus tropas la orden prevista:

—Retirada.

Parecía imposible, pero, a pesar de aquellas decenas de miles de soldados bien armados, era preciso abandonar el frente y darse por vencidos ante las fuerzas de Zapata. A finales de diciembre de 1916, la fuerza militar constitucionalista abandonaba con la cabeza gacha el estado de Morelos, aunque, eso sí, arrasando cuanto les era posible y llevándose el mayor botín de guerra que estuviera a su alcance, sin el menor escrúpulo.

Zapata y sus leales volvían a ocupar por completo su estado, vencedores y orgullosos por su victoria. Emiliano sabía que, en realidad, aquello no significaba haber ganado la guerra, sino simplemente haber vencido en una batalla, sabiendo resistir a su enemigo y recuperando lo que era suyo. Al menos, por el momento.

Para entonces, en el norte, Villa había conseguido el control total de Chihuahua y se preparaba minuciosamente para asaltar otras plazas carrancistas, sin importarle la violencia que fuera preciso utilizar para derrotar a sus enemigos. Al contrario del frío, sereno y calculador Zapata, Villa era como un perro rabioso, ávido de hacerle pagar a su odiado enemigo, el presidente Carranza, todas las cuentas pendientes entre ambos. Por si fuera poco, los norteamericanos que se filtraban a través de la frontera, en su decidido empeño por acabar con él, terminaban desorientados y sin dar con el menor rastro de su adversario, buen conocedor de las tierras norteñas, donde tenían él y sus seguidores el más seguro de los refugios.

Como correspondía a la idiosincrasia popular de los mexicanos, los corridos, una vez más, cantaban las loas a Villa en forma de letrillas hirientes tanto para yanquis como para carrancistas:

«*Todos los gringos pensaban en su alteza*
que combatir era un baile de carquís,
y con su cara llena de vergüenza
ahora regresan en bolón a su país.»

Excusado es decir que también los corridos que se cantaban por doquier en el sur caricaturizaban por un igual a Carranza y a sus soldados, tras el escarmiento recibido por éstos en Morelos. Y les recordaban los destrozos causados en villas y haciendas, cuando no eran capaces de dar caza a sus enemigos:

«*Diles que los jarros no son zapatistas, ollas y cazuelas y*
también el corral, semillas en granos, rebozos y platos, viejos
mantequeros, también nixtamal.»

Era un ambiente general de euforia el que acompañaba a las dos sonadas derrotas de los carrancistas, tanto en el norte como en el sur, mientras poco a poco en Morelos se iban reparando los daños de la batalla, y la gente empezaba paulatinamente a regresar a sus trabajos, sus casas y su anterior vida de paz bajo la sombra protectora de Emiliano Zapata.

Todo parecía volver a la normalidad, llenando de esperanzas al pueblo llano, al que siempre le tocaba sufrir la peor parte. Pero Zapata, nunca seguro de nada, receloso por naturaleza, desconfiado de que lo bueno pudiera durar mucho, tenía sus ocultos temores, que se guardaba mucho de exteriorizar a la población.

Él sabía que las cosas no eran tan fáciles, y que era demasiado pronto para cantar victoria. Algo, en su interior, le decía que las cosas volvían a estar en calma y favorables, pero que nada de todo aquello podía durar demasiado.

Y estaba en lo cierto.

Capítulo II

— La Constitución del 17 —

CINCUENTA años después de haber sido fusilado el emperador austríaco de México, Maximiliano, la misma ciudad que fue testigo de su muerte a manos de los patriotas mexicanos enemigos de un imperio dominado por extranjeros, volvió a ser escenario de un hecho trascendental en la historia del país.

Querétaro, capital del estado de Querétaro de Arteaga, fue el lugar elegido por el presidente Carranza para convocar un Congreso del que había de salir una nueva Constitución para el país.

Es la llamada «Constitución del 17», que aún hoy día tiene vigencia absoluta. En ella se contemplaban nuevas mejoras sociales y agrarias, reformas constitucionales importantes y toda una serie de medidas encaminadas a hacer de México un verdadero país sin luchas internas ni desigualdades que tanto daño habían causado a la unidad de la nación.

Del Congreso de Querétaro nacería, pues, una nueva Constitución, capaz de resultar duradera incluso hasta más allá de los inicios del siglo XXI, a pesar de todos los pesares.

Es posible que ahí estuviera uno de los grandes errores de Emiliano Zapata, empecinado en no dar crédito a las leyes, obcecado en su ideario revolucionario, cerrando los ojos a la realidad y negándose a acatar aquella Constitución que, con toda seguridad, era mejor que cualquier otra forma de resolver los problemas.

La propia lucha de Zapata perdió gran parte de su sentido cuando se promulgó la Constitución, porque ésta era de un indudable carácter de avance social, y lo razonable era aceptarla y someterse a ella, renunciando a todo nuevo enfrentamiento con el poder legislativo del país. Fue la gran ocasión, y Emiliano la dejó pasar, sin darse cuenta de la tremenda equivocación que cometía.

Cierto que, desde la derrota del general González y hasta ese momento, Morelos había vuelto a funcionar perfectamente; que Zapata había logrado formar un gobierno autónomo bastante sólido, apoyado por un grupo de intelectuales que le asesoraban y aconsejaban. Allí se crearon sus propias leyes, tanto sobre el trabajo como sobre la enseñanza, la propiedad, el matrimonio, el ejército, la libertad municipal y la libertad de expresión.

Eran formas de legislar acertadas y justas, eso sí. Parecía como si trabajaran en una legislación de ámbito nacional, en vez de algo reducido simplemente a un estado secesionista, como era el de Morelos, dominio absoluto de Zapata. Era una forma clara de reforzar a los pueblos, de modernizar muchas cosas..., pero eran leyes reducidas a aquel ámbito y que chocaban frontalmente con los designios a nivel nacional del gabinete en el gobierno.

Tras el Congreso de Querétaro, todo el país comenzó a rehacerse de muchos errores del pasado. Zapata no quiso ver eso, obstinado en su propia idea político-social. En su terquedad, muy propia de él, no supo darse cuenta de que los tiempos estaban cambiando y de que si sus enemigos admitían pasados errores y trataban de rectificarlos con una legislación más justa, era el momento oportuno de engancharse al carro y viajar juntos en aquel empeño nacional.

Pero no fue así. Y Zapata mismo se marcó su destino.

Porque lo cierto es que, incluso dentro de Morelos, las cosas empezaron a no ir tan bien. Algo no funcionaba en la idea zapatista y empezaban los problemas internos. Las autoridades nombradas por Emiliano empezaron a defraudar a la gente, y gracias a que los ayuntamientos iban funcionando medianamente bien, muchas de las necesidades de las poblaciones se veían debidamente atendidas. La paz social tan cacareada siempre no acababa de ser completa, había importantes fallos burocráticos y de otra índole, y lo cierto es que daba una rara impresión de que algo en el zapatismo empezaba a resquebrajarse de forma peligrosa, sin que Emiliano y sus más inmediatos colaboradores supieran enmendarlo.

Como ocurre muchas veces, el propio Zapata no era el responsable directo de esa situación, pero sí sus jefes y secretarios, que parecían iniciar entre ellos una guerra particular que desembocaba en inevitables tensiones. Pero Zapata sí tenía suficiente carisma y autoridad como para haber podido poner coto a todo aquello, cortando por lo sano. No lo hizo, no se sabe si por exceso de confianza o por desidia, y las cosas empeoraron de forma progresiva.

Intrigas, zancadillas y enemistades personales empezaban a estar a la orden del día, con toda su carga negativa, e incluso en la propia localidad de Tlaltizapán, cuartel general de Emiliano, ese ambiente de tensión iba en aumento. El perjuicio para el pueblo llano era evidente, y empezaban a surgir los primeros indicios de descontento.

Algunos se habían hecho eco de las noticias que llegaban de Querétaro y de México, y sabían de la existencia de una nueva Constitución más justa e igualitaria para todos. Se empezaban a hacer cábalas sobre la nueva situación del país y sobre la conveniencia o no de seguir como hasta entonces, aislados de la capital y de las medidas del Gobierno, olvidados de todos y sometidos solamente a la legislación zapatista.

Algún asesor bienintencionado de Zapata sugirió a éste la conveniencia de dialogar con el Gobierno de la nación, en busca de una definitiva solución legal para Morelos, lejos de toda rebelión o violencia.

Emiliano se negó en redondo a tal sugerencia, manteniéndose firme en su postura de independencia y en sus principios revolucionarios de siempre. Trató de resolver los problemas locales de la mejor forma posible, pero lo cierto es que apenas si logró nada, porque las disensiones, enfrentamientos y rencillas entre sus más directos colaboradores siguieron estando a la orden del día, deteriorando cada vez más la situación local. Por un lado, el orgullo hacía que Zapata rechazara de plano cualquier intento de acuerdo con Carranza y su gabinete. Por otro, las propias diferencias que mantenía el zapatismo con la legalidad vigente hacían muy difícil la aproximación entre unos y otros.

Fuera como fuera, lo cierto es que todo siguió igual o peor. La situación en Morelos se tornaba tan confusa como inquietante. Era un momento complicado: un país gobernado por revolucionarios, como era Morelos, donde los propios revolucionarios zapatistas no eran capaces de ponerse de acuerdo entre ellos mismos. Todos los objetivos de Zapata parecían diluirse por momentos. Sus aspiraciones no lograban cristalizar, y la desunión entre todos era un hecho incontrovertible.

Era la primera vez que sucedía algo parecido en las hasta entonces juntas filas revolucionarias del sur, y era un mal indicio frente a un inmediato futuro que no se veía alentador, ni mucho menos. La coherencia de Zapata con sus ideas había sido hasta entonces un aglutinante natural de cualquier otra tendencia entre su gente, y había sabido aunar voluntades sin problemas de fondo, como estaba sucediendo ahora. Todo ello debiera haberle servido de aviso de que su posición comenzaba a debilitarse, dejando de ser la monolítica resistencia que hasta entonces había sido contra todo riesgo de dispersión y derrumbamiento de su régimen.

Así se alcanzó 1918, consolidándose en todo el país la nueva Constitución, en la que la mayoría encontraba una razón de peso para aceptar los dictados del Gobierno central sin oponerse a sus decisiones, tanto en pueblos como en ciudades y zonas rurales de todo el país. Solamente permanecía en pie un opositor, y era el estado de Morelos, ajeno a la progresiva metamorfosis de las tesis revolucionarias, al margen de los actos de bandidaje que pudiera seguir protagonizando Villa en el norte.

Porque, ¿cómo habían aceptado las huestes del antiguo Centauro del Norte las reformas constitucionales del 17? Pues más o menos lo mismo que si nadie hubiera proclamado una nueva Constitución. Él seguía a lo suyo en su feudo, enfrentado primero al general carrancista Francisco Murguía, hombre temible para ellos, porque su costumbre, cuando capturaba a alguno de los miembros de la banda de Villa, así como a cualquiera que le prestara protección o cobijo, era la de hacerle ahorcar de inmediato, sin juicio previo. A este peligroso militar se le apodaba ya entre los villistas «Pancho Reatas»; la campaña de éste contra Villa y sus leales fue durísima, y los medios utilizados en ella, de lo más sanguinarios que pueda imaginarse.

Pero, pese a ello, tras una prolongada lucha, Murguía fue incapaz de derrotar al villismo ni de cumplir su palabra de exterminar a Pancho Villa de una vez para siempre. El Gobierno tuvo que sustituirle por otro jefe militar, el general Manuel M. Diéguez, justo en el momento en que Villa tenía menos medios para la lucha, ya que desde que se enfrentara a los norteamericanos, antes sus aliados y ahora sus enemigos mortales, los pertrechos y munición escaseaban.

Pero aun así, también las fuerzas gubernativas sufrían un desgaste inevitable, sin poder alcanzar sus objetivos en el norte. Por entonces, los bandidos de Villa pusieron en práctica una estrategia que les iba dando buen resultado y alargando la lucha tiempo y tiempo: se separaban durante varios meses los unos de los otros, se proveían de alimentos y de cuanto les fuera necesario, para volver a reunirse nuevamente en un lugar previamente fijado, y reanudar así las hostilidades.

La táctica era sencilla y eficaz. Las tropas de Carranza tenían muchos problemas para poder combatir a los villistas con probabilidades de éxito, y así la lucha en el norte se eternizaba, sin vencedores ni vencidos, aunque sí con mucha sangre derramada.

Mientras eso sucedía en el norte, las cosas en el sur iban aún peor para Zapata y los suyos. Un periodista norteamericano había logrado convencer al caudillo revolucionario de la existencia de un presunto plan yanqui de invasión de México, y eso hizo que Zapata, convencido de ello, tratase desesperadamente de reunir y aglutinar de nuevo el movimiento revolucionario, para hacer frente al anunciado peligro norteamericano. Obvio es decir que la imaginaria invasión jamás se produjo, pero, lo que es peor, tampoco Zapata consiguió sus objetivos de reunificación entre las diversas facciones de los revolucionarios, separadas entre sí cada vez más, en una inexorable descomposición de su unidad de ideas y de acciones.

Por si ello fuera poco, el invierno de 1918 no iba a ser nada benigno con ellos. Todo Morelos fue arrasado por una nueva calamidad imprevisible y difícil de combatir con los medios clínicos de entonces: la *influenza española*, como se le llamaba, constituyó una enfermedad epidémica a la que era poco menos que imposible combatir de forma adecuada, y más sin la ayuda de un Gobierno fuerte y de unas medidas sanitarias adecuadas.

Al término de la misma, más de la cuarta parte de la población resultó víctima mortal de la enfermedad, quedando diezmada y sumamente debilitada por los efectos de la misma. Las noticias de esa situación llegaron a la capital, y Carranza aprovechó para enviar de nuevo al general González, con otro contingente de tropas, a las regiones del sur, atacando las cuatro ciudades principales de Morelos con toda la fuerza militar posible. El momento no era el más oportuno para que el pueblo pudiera defenderse de la nueva agresión, y a Zapata le resultó difícil esta vez eludir el cerco, aunque finalmente logró escapar y ponerse a salvo de sus enemigos, junto con su gente más leal.

Pero ahora se veía recluido en las montañas, con escasos medios, sin poder llevar a cabo ataques en gran escala, por lo que tuvo que recurrir a la guerra de guerrillas, en la que era experto, para realizar ataques por sorpresa a las guarniciones más pequeñas del enemigo. Muchos eran los que aún se mantenían a su lado, leales hasta la muerte, pero muchos también los que desertaban o renunciaban a seguir la lucha, en cuanto recibían ofertas de perdón o amnistía por parte de los carrancistas y se daban cuenta de que la nueva Constitución les protegía. Era un riesgo previsible para Zapata y su régimen, puesto que no todo el mundo era capaz de dejarse llevar por los ideales de su jefe, enfrentado ahora a unas circunstancias que iban en contra de sus convicciones y normas. Luchar contra un poder tiránico y una forma de vida sometida y humillante era una cosa. Enfrentarse a un gobierno constitucional que había dictado leyes justas e iguales para todos, otra muy distinta. La lucha, para muchos, ya no tenía objeto, y tal vez tenían ellos razón, pero Zapata no compartía su punto de vista, empecinado en su propio modo de ver las cosas.

Se daba cuenta, por supuesto, de que iba perdiendo carisma, de que se le iba gente en la que había confiado, de que muchos de sus lugartenientes abandonaban las filas revolucionarias y de que algunas facciones se enfrentaban entre sí, debilitando todavía más su desesperada situación actual.

Pero no cedía un ápice en su actitud, y ello perjudicaba más que beneficiaba a su pueblo, porque aquellos que no le habían seguido a las montañas, los que eran población pacífica, en especial mujeres, niños y ancianos, así como otros no combatientes, iban viendo cómo perdían sus escasos bienes y haciendas, saqueados de forma implacable por las fuerzas gubernamentales. Cuanto mayor era la resistencia de Zapata, más duras eran las represalias de los soldados sobre su gente, y todo Morelos sufría en sus carnes las consecuencias de aquella obstinación en continuar una lucha que desde hacía ya tiempo había dejado de tener sentido.

Todo esto se le podrá censurar a Zapata desde un punto de vista eminentemente práctico y con la frialdad de criterio que da la distancia en el tiempo, pero de lo que no cabe duda es de que el líder sureño era un formidable luchador, un caudillo irreductible y un estratega colosal. Ni aun con todas esas adversidades en su contra, ni con todas las deserciones y fragmentaciones de sus filas, ni con la agobiante escasez de pertrechos con que contaba, pudieron no ya darle caza sus enemigos, sino que un ejército bien armado y pertrechado, con un general tan poco caballeroso y dado a la generosidad como González, y con unos oficiales de elite a su mando, tuvo que rendirse a la evidencia de que estaban volviendo a perder la batalla de Morelos, no ya sin haber podido acabar con Zapata o hacerle prisionero, sino ni tan siquiera haber conseguido detener o matar a ningún colaborador o ayudante zapatista de cierta altura.

De nuevo la feroz ocupación carrancista se vio frenada, sin que el débil enemigo a batir se rindiera ante sus fuerzas, y de nuevo en Morelos siguieron imperando las normas independentistas de su líder, al margen de toda ley, al margen del Gobierno de la nación y al margen de la propia Constitución de 1917.

El mérito de todo aquello solamente podía tener un nombre, y de hecho lo tenía ya, en boca de todos, por muy desalentada que se hallase la opinión pública ante el estado de cosas que le tocaba vivir.

Ese nombre, evidentemente, era el de Emiliano Zapata.

Capítulo III

— Desafío al poder —

S E aproximaba el año 1919, que tan crucial iba a ser en el panorama revolucionario, y no precisamente por su buen signo, sino todo lo contrario.

En el norte del país, Villa continuaba su particular guerra contra el Gobierno mexicano y contra los norteamericanos, acosado por los unos y por los otros. A principios de año, Villa había tomado la decisión suicida de atacar Ciudad Juárez. Y así lo hizo, por sorpresa, logrando vencer a los soldados de Carranza con relativa y sorprendente facilidad. Tal vez en todo ello influía su propia aureola de caudillo popular, su carisma personal, más que sus medios de lucha, más bien escasos.

Pero lo cierto es que ocupó la ciudad fronteriza, y ello enfureció a los norteamericanos, que se apresuraron a lanzar sus propias tropas sobre la ciudad, obligando a los villistas a desalojar la plaza recién ocupada. En ese momento, el general Ángeles resolvió separarse definitivamente de Villa, tras darle una serie de buenos consejos que el rebelde se negó a aceptar. Tampoco estaba muy de acuerdo con la marcha de Ángeles, a quien predijo que tal vez con esa decisión firmaba su sentencia de muerte.

La predicción de Villa resultó trágicamente cierta: Ángeles, como muchos otros revolucionarios, murió devorado por la propia Revolución. Alguien le traicionó y fue asesinado poco después.

Entre tanto, en el gobierno de Venustiano Carranza se habían producido novedades que en nada podían beneficiar al futuro, no ya de los revolucionarios, sino del propio pueblo que gobernaba. Todas las leyes encaminadas a la reforma agraria y los derechos de los campesinos, dictadas con anterioridad, fueron suspendidas por el actual jefe de gobierno, tal vez en un intento más de estrangular el movimiento revolucionario, que él sabía nacido de los propios campesinos. Pero, no contento con eso, Carranza fue aún mas lejos, oponiéndose a la Constitución progresista de 1917, muchos de cuyos enunciados suspendió, y volviendo a poner así las cosas bastante feas para el pueblo.

Apoyado en los militares, poco dados a la flexibilidad política, y en su propio modo de ver las cosas, que empezaba a tomar un alarmante carácter totalitarista, Venustiano Carranza, más que apaciguar los ánimos de su país, estaba echando leña al fuego. Si alguien, incluso Zapata, había pensado en algún momento en pactar con él una salida honrosa a la situación, pacificando de una vez por todas el país, ahora las posturas se radicalizaban de nuevo, ante la imposibilidad evidente de acercar posturas con un hombre del talante de Carranza.

Es por ello que Zapata, al ver aquel estado de cosas que alejaba de su mente de modo definitivo cualquier atisbo de acuerdo, montó en cólera por las nuevas injusticias que planeaban sobre los más débiles y desprotegidos, aquellos a quienes él había querido dar una vida digna y justa, y tuvo la malhadada ocurrencia de escribir una carta abierta a Carranza, que iba a provocar la temida ira de éste. Algunos párrafos de esa famosa carta hablan por sí solos:

«Por eso decía yo que usted se llamó con toda malicia constitucionalista, siendo así que el propósito y la conciencia de usted eran los de violar a cada paso y sistemáticamente la Constitución.

No puede darse, en efecto, nada más anticonstitucional que el gobierno de usted: en su origen, en su fondo, en sus detalles, en sus tendencias.»

Y proseguía en otro párrafo:

> «Usted gobierna saliéndose de los límites dictados al ejecutivo por la propia Constitución...».

En otro punto, remarcaba:

> «Usted establece y deroga impuestos. Usted usa de facultades discrecionales en Guerra, en Hacienda y en Gobernación. Usted da consignas, impone gobernadores, se niega a informar a las Cámaras.»

Y terminaba, contundente:

> «Desde el comienzo de la "era constitucional" hasta la fecha ha instaurado usted una mezcla híbrida de gobierno militar y de gobierno civil, que no tiene de civil nada más que el nombre.»

Esa carta provocó una verdadera explosión de ira en su destinatario. Carranza se sintió el objeto de burlas, críticas e incluso censuras más o menos veladas de observadores extranjeros. Fuera de México, su debilidad crecía por momentos. Y dentro, la gente estaba cada vez más harta de que todos aquellos errores que apuntaba Zapata en su misiva fuesen reales y no imaginados, que los abusos de poder del gobernante se estuvieran produciendo como allí se denunciaba.

La supervivencia del zapatismo empezaba a ser un lastre intolerable para él, como persona y como presidente del Gobierno. Y tomó una decisión brutal, indigna de un estadista, pero muy propia del hombre que llevaba las riendas del poder en ese momento:

—Hay que matar a Zapata. Sea como sea, Zapata tiene que morir.

Era una orden de ejecución inmediata. El visto bueno oficialista al asesinato de un hombre demasiado molesto para el poder y la decisión que iba a desencadenar la tragedia final.

Ajeno a esa posibilidad, Zapata continuaba su lucha en Morelos, ignorando que algo que él había odiado tanto durante toda su vida, iba a ser su verdugo llegado el momento: la traición de un hombre.

Pero eso pertenecía al futuro todavía. Un futuro muy cercano, eso sí, aunque él lo ignorara en esos momentos y se sintiera particularmente satisfecho del revuelo que su carta abierta a Carranza había provocado en todo el país e incluso en el extranjero. Se sentía aún fuerte y seguro de sí mismo, pese a la difícil situación por la que pasaba la unidad revolucionaria que tan buenos frutos había dado hasta empezar a dar signos de descomposición.

Emiliano se lamentaba de que las cosas nunca terminaran de salir bien para el pueblo, y casi siempre por los mismos motivos: el autoritarismo de los gobernantes, el ego de quienes llegaban a ocupar el sillón presidencial, que les hacía olvidar sus promesas de impartir justicia entre las clases más desfavorecidas. Con Carranza, como antes con Porfirio Díaz, con Madero o con Huerta, predominaba siempre el cariño a las clases altas, el proteccionismo a leyes injustas, el apoyo a la alta burguesía y el sometimiento a la rigidez de los militares.

Todo eso llevaba demasiado tiempo siendo así, y cuando nació en 1917 la Constitución, pareció que las cosas iban a cambiar definitivamente. Ahora, con muchos de los artículos de esa misma Constitución abolidos o en suspenso, todo continuaba igual. Cierto que él nunca había aceptado la paz ni tendido la mano a ninguna conciliación, pero casi se felicitaba ahora de ello, al ver que los derechos humanos eran pisoteados, y las propias leyes que ellos dictaron en su día, ellos mismos las hacían pedazos a su conveniencia.

Zapata sabía que era inútil todo intento de acercamiento con los gobernantes, lo que le condenaba a seguir siendo un proscrito, un hombre encerrado en su tierra natal, luchando con todos los medios a su alcance, que no eran muchos, contra un poder demasiado fuerte y que le odiaba a él tanto como él pudiera odiarlo. Bastante había hecho durante años, capitaneando un ejército de huarachas y sombreros de paja contra las orgullosas tropas gubernamentales, bien uniformadas, armadas y pertrechadas.

Sabía que eran muchos los soldados de fortuna y aventureros, por otro lado, que buscaban recompensas buscando dar caza a este o aquel zapatista, y ése era otro peligro a tener en cuenta, porque solía tratarse de gente sin escrúpulos, capaz de matar por la espalda, y sin la menor sombra de conciencia o de honradez. Auténticos cazarrecompensas a quienes el Gobierno daba el visto bueno, por si escuchaban un soplo por casualidad, y lograban abatir a algún pez gordo del zapatismo, e incluso, ¿por qué no?, al mismísimo Emiliano Zapata, presa tan ambicionada por sus enemigos.

De todos esos riesgos se iba saliendo adelante, aunque en condiciones, cada vez más precarias, y Emiliano se mantenía fiel a su criterio y a sus normas, sin arrepentirse de ninguna de las decisiones tomadas hasta entonces, aunque algunas pudieran ser discutibles.

En ningún momento se le pasó por la cabeza que su explosiva carta a Carranza pudiera causar otros efectos que los de la ira y el malhumor de su destinatario. Puede que, en este caso, Zapata no midiera bien las consecuencias de su atrevimiento o llegara a imaginar que la reacción de un político de edad y experiencia pudiera ser tan visceral y rabiosa como realmente fue.

Resulta extraño que, un hombre tan previsor y desconfiado como él, pudiera tomarse tan a la ligera la posible reacción del gobernante, a menos que sus recientes victorias sobre las tropas carrancistas le cegaran el entendimiento hasta un punto tan temerario. Pero lo cierto es que Emiliano en ningún momento sospechó que sus enemigos pudieran estar estudiando tenderle una trampa y tejer los hilos de una traición en la que pudiera resultar apresado de modo inexorable y fatal.

Sin embargo, así era. En la sede del Gobierno se trabajaba activamente en busca de una solución que pasaba, sin remedio, por la eliminación física del odiado enemigo. Un hombre solo, decía Carranza, no puede traer en jaque a todo un Gobierno, un ejército y una nación. Por eso la idea del frío asesinato pasaba por la mente del presidente sin el menor escrúpulo ni atisbo de remordimiento. Estaba decidido acabar con Zapata, y se iba a acabar con él, costara lo que costara.

Carranza sabía que enviar tropas nuevamente a Morelos podía ser tan costoso como ridículo e inútil, aumentando su desprestigio en todo el país y las criticas en el extranjero a su debilidad para acabar con el zapatismo. Por ello pensaba en una acción aislada, personal, contra el hombre que aglutinaba todo el carisma y fuerza de la revolución. Sabía Carranza que, muerto Zapata, moriría con él toda su idea. La verdad es que no iba a ser así, pero eso él no podía ni remotamente sospecharlo.

El enemigo a batir era, pues, el propio Emiliano Zapata, y en ese sentido se dirigían los esfuerzos del Gobierno en esos momentos. Aun así, tuvieron que darse una serie de circunstancias accidentales para que el plan tomara alguna consistencia y se propiciase casi por azar el final de Emiliano Zapata.

Y en el propio Zapata, paradójicamente, se inició la cadena de acontecimientos que iban a propiciar su perdición. Resulta cuando menos sorprendente que el destino llegue a ocasionar tales jugarretas a los humanos. ¿Quién hubiera podido decir que Emiliano Zapata, en persona, iba a poner en marcha la maquinaria que había de conducirle a él mismo a la muerte?

Sin embargo, así fue.

A oídos del líder revolucionario llegó la noticia de que un oficial del general Pablo González, el verdugo de Morelos, había sido encarcelado por insubordinación. Ese oficial se llamaba Guajardo. Normalmente, todo eso a Zapata le hubiera tenido perfectamente sin cuidado y ni tan siquiera hubiera movido un dedo por intervenir en la cuestión. Conociendo su natural desconfianza, resulta incluso extraño que la idea pasara por su imaginación, y más aún que la pusiera en práctica.

Pero lo cierto es que lo hizo. Deseoso de aprovechar esa oportunidad en favor suyo, Emiliano envió una carta a Guajardo, invitandole a que se uniera a las filas revolucionarias de las que podría seguir siendo oficial como lo había sido y era en las fuerzas regulares.

Fue un tremendo error. Porque esa carta fue interceptada por el propio general González, quien de inmediato pensó que tenía en sus manos la gran oportunidad, no sólo de vencer a su odiado enemigo, sino de acabar con su vida.

La primera maniobra de González fue poner en libertad a su subordinado, el coronel Jesús Guajardo, a quien convocó de inmediato en despacho, mostrándole la carta de Zapata y acusándole de traidor.

Realmente perplejo ante lo que se enfrentaba, Guajardo negó en redondo toda connivencia con el líder revolucionario y se indignó ante esas acusaciones de traición. Finalmente, en plena crisis nerviosa, estalló en sollozos, incapaz de controlarse, y González supo que había logrado su objetivo fundamental: tenía a Guajardo en sus manos, y ahora podía convertirlo sin problemas en su instrumento más necesario para llevar a cabo el plan previsto.

El general González, entonces, calmó a Guajardo, prometiéndole que, a cambio de su colaboración incondicional, olvidaría todo lo anterior y le convertiría en su más preciado y directo colaborador, así como en el hombre de su total confianza.

El coronel no tenía más que dos opciones ante sí: o aceptar la oferta de su superior, o negarse a ella, con lo que daría con sus huesos en un calabozo, nuevamente, hasta ser situado ante el pelotón de fusilamiento. La elección no era dudosa, y Guajardo prometió a González cooperar con él en todo lo que fuera preciso. No es que el plan fuera muy de su gusto, ni la idea de convertirse en un auténtico traidor le llenara de felicidad, pero cualquier cosa era preferible a la ejecución sumarísima, y se dispuso a escuchar atentamente lo que planificaba González, por directo encargo del presidente Carranza.

El propio Guajardo escribió, al dictado de González, una carta de respuesta a Emiliano Zapata, aceptando pasarse al bando zapatista, a condición de que se le dieran las suficientes garantías. En apariencia, la misiva era sincera y convincente, pero los asesores más directos de Emiliano no acabaron de verlo claro y le aconsejaron la máxima prudencia. No se fiaban de que las cosas resultaran tan sencillas, y tenían razón.

Pero algo estaba ocurriendo en el carácter de Zapata. El hombre desconfiado, receloso, que siempre había demostrado ser, estaba sufriendo una peligrosa transformación, no se sabe si por efecto de las tensiones vividas a lo largo de los años o por un deterioro de sus más íntimas convicciones. Es seguro que el Zapata de unos años atrás, aquel que se entrevistó con Villa en Xochimilco, por ejemplo, jamás hubiera aceptado así, por las buenas, la pronta y demasiado favorable respuesta de Guajardo a su oferta. Pero evidentemente el Zapata de ahora no era el mismo, como por desgracia iban a tener ocasión sobrada de comprobar sus seguidores no mucho más tarde, y rechazó de plano toda clase de objeciones de sus allegados, para admitir con mal disimulado entusiasmo la aceptación de Guajardo a su ofrecimiento.

Aun así y todo, tuvo al menos el rasgo de exigir a Guajardo una prueba de su buena fe y de su lealtad, exigiéndole que se amotinara y le entregara a los antiguos zapatistas desertores, que habían sido amnistiados por el Gobierno de Carranza a cambio de colaborar con éste en la lucha contra el líder revolucionario del sur.

Esa exigencia fue aceptada también por Guajardo, siempre bajo el directo control de González y del Gobierno, y aunque se le había fijado como fecha para esa prueba el 4 de abril de 1919, Guajardo tuvo que aplazar tres días el cumplimiento de la misma. Así, el 7 de abril, siguiendo las precisas instrucciones que le diera Zapata, simuló un amotinamiento en la localidad de Jonacatepec, con la colaboración de un grupo de oficiales federales, y se apoderó de todos los zapatistas amnistiados, entre los que se hallaba uno de los revolucionarios en quien más confianza depositara Zapata en su momento. En vez de entregárselos al caudillo sureño, Guajardo ordenó el fusilamiento de todos ellos, tal como le había ordenado previamente el general González. Pero el hecho, que tuvo amplio eco en todas partes, se le atribuyó al propio Zapata, y éste supo, complacido, que su nuevo aliado estaba cumpliendo puntualmente sus instrucciones.

Si alguna duda tenía sobre la sinceridad de Guajardo al aceptar ser reclutado por los rebeldes, esos acontecimientos le convencieron por completo de su lealtad actual. De nuevo fue advertido de que fuera cauteloso y no acabara de fiarse de las apariencias. Y de nuevo Zapata pecó de crédulo, traicionándose una vez más a sí mismo y a su tradicional modo de ser.

No era lógico que él obrara tan a la ligera, ya lo hemos dicho antes. Muchos de sus biógrafos e historiadores se hacen cruces al ver tan repentino cambio en aquel hombre tan poco confiado por naturaleza y tan dado siempre a recelar de todo y de todos. Lo cierto es que nadie ha dado una respuesta clara a la cuestión, a menos que se admita la teoría de que algo en Zapata había cambiado tanto que ya no era el mismo de antes, fuese por la razón que fuese. Tal vez, psicológicamente, tanto golpe adverso le había debilitado en muchas de sus convicciones, o es que buscaba desesperadamente algo positivo a lo que asirse.

Fuera como fuera, toda su actitud final ante los acontecimientos se nos aparece como una interminable sarta de errores y debilidades impropias de un hombre como él. Obviamente, Zapata ya no era el que era, o la trama de González jamás hubiera dado sus frutos con tanta facilidad.

¿Exceso de confianza en personas a las que ni siquiera conocía? No parece factible. ¿Deterioro íntimo y personal, decadencia de la personalidad, agobiada por circunstancias demasiado negativas? Es más probable. Sea como sea, Emiliano Zapata estaba a punto de cometer su último y definitivo error.

Tras el asesinato de los ex zapatistas amnistiados, era obvio que Guajardo gozaba de la plena confianza de Emiliano y de algunos de sus allegados, no todos. Por tanto, no es extraño que el coronel, aparentemente pasado al enemigo, citara a su nuevo aliado en un lugar, al sur de Jonacatepec, donde celebrarían juntos aquel supuesto triunfo sobre sus comunes enemigos.

Zapata aceptó la cita sin problemas. De nuevo sus más fieles consejeros pusieron en duda la sinceridad de aquella cita y, sobre todo, la aparente lealtad de Guajardo, que no acababan de ver nada clara. Y de nuevo, en el inaudito encadenamiento de equivocaciones que forma parte de la última etapa en la vida de Emiliano Zapata, éste se negó a escuchar lo que consideraba consejos agoreros y sin fundamento, fiado ciegamente en la recién probada fidelidad del carrancista cambiado de bando.

Alguno de sus hombres de confianza, incluso, le transmitió la noticia de que corrían por los pueblos y campos inquietantes rumores sobre una posible emboscada en alguna parte y algún momento indeterminados. Zapata, cegado por un repentino e ilógico entusiasmo, hizo oídos sordos a todas esas informaciones y se mantuvo firme en su intención de verse con su flamante aliado, el coronel Guajardo.

Era el penúltimo error.

Capítulo IV

— ¿Quién era realmente Zapata? —

LLEGADOS a este punto de su agitada biografía, cabría hacer un breve inciso y tratar de buscar respuesta a una pregunta que, incluso hoy en día, tiene difícil respuesta, tanto para sus admiradores como para sus detractores.

¿Quién era realmente Emiliano Zapata? ¿Cómo era él?

No es tarea fácil dar contestación. Ni sus entusiastas seguidores ni los que lanzan anatemas sobre su persona, se han llegado a poner nunca de acuerdo en ese punto.

Evidentemente, en lo que todos están de acuerdo es en que se trataba de un hombre de fuerte carácter, de temperamento duro y nada extravertido, sumamente influenciado por sus propias raíces, por su sangre india y por su condición de hombre del pueblo. Revolucionario por naturaleza, movido siempre por el medio ambiente en que nació, creció y vivió, hizo de la defensa de sus gentes, de sus vecinos y compañeros de penurias, una filosofía de vida, a veces también de muerte.

Incapaz de doblegarse ante nadie, tampoco era de los que resultaban fáciles de convencer por promesas. Y si alguna vez tuvo fe en alguien, las diversas decepciones le fueron curtiendo contra esa clase de confianza en los demás, impermeabilizando más aún sus sentimientos y haciendo de él la persona ruda, reflexiva, calculadora y desconfiada que todos conocieron. Lo que más aborrecía era la

131

traición en cualquiera de sus formas. Curiosa circunstancia en un hombre que iba a ser traicionado en el momento supremo de su vida, y que por añadidura ni tan siquiera iba a sospechar de tal traición.

Fue terco y obstinado, incluso cuando no debía serlo, orgulloso y altivo en todo momento, comprensivo pero no blando ni benévolo con los errores o los engaños ajenos.

Entre sus factores más negativos estuvo sin duda la estrechez de miras de su revolución, que centró casi exclusivamente en el movimiento agrario, olvidando que existían otras facciones del país que le hubieran podido apoyar igualmente, de haberse preocupado por ellas, lo que sin duda hubiera fortalecido su rebelión social. Pensó siempre como un campesino, y nada más. Fue una limitación que jugó en su contra y en la de sus posibilidades reales de haber conseguido el triunfo de la Revolución a escala nacional.

Ya se ha visto que tampoco era dado a alianzas y uniones con otras fuerzas, como sucedió en el caso de Villa, y ese distanciamiento de otros puntos de vista tampoco iba a ser un factor favorable para sus proyectos.

Tuvo sin duda una fuerza impensable como líder y estratega, porque no es fácil aceptar que un simple ejército de campesinos uniformados con marachas, blusón y sombrero de paja, con viejos fusiles y escasa munición, pudiera doblegar a toda una fuerza militar de primer orden infinitamente superior en numero y capacidad de lucha. Es seguro que Zapata, de haber podido ser un hombre culto, de haberse propuesto miras más altas que acaudillar una simple revolución local, hubiera llegado muy lejos, tal vez incluso a la silla presidencial que un día viera ocupar a Villa como simple broma.

Se puede decir, por tanto, que Emiliano Zapata pudo haber sido alguien en su país, mucho más grande que un simple guerrillero, un revolucionario, un rebelde afincado en un estado del sur, indomable ante las leyes y los dictados de la política presidencialista. Pero no lo fue. Y eso, tal vez, es lo que nos ha dejado vivo un mito y no un simple político más. Lo que se perdió en la realidad, se ganó en la leyenda.

Su persona y su obra han trascendido en el tiempo. Su ideario no murió con él, como sin duda pensaban sus asesinos que iba a suceder.

Y es que, en realidad, es muy sencillo matar a un hombre, pero no lo es tanto acabar con lo que simboliza. Cuando el hombre se convierte en símbolo, cuando el luchador se transforma en mártir, los que terminan con él han hecho un flaco favor a sus intereses, porque precisamente aquello que era lo que más temían ha sobrevivido a sus propósitos.

La propia vida es el tributo que gente así ha de pagar para no morir nunca. Emiliano Zapata, llegado su momento, es el vivo ejemplo de esto. Lo que más sorprende es que se dejara llevar tan fácilmente al matadero, él que había escapado a mil emboscadas y a peligros sin cuento.

Aquí es donde entra el momento más cambiante en el modo de ser y de obrar de Zapata. Como si de repente una legión de hados adversos tendieran sobre él un negro manto de infortunio, toda su entereza, toda su cautela y desconfianza, sus recelos y sus aprensiones, dejan de existir. Contagiado por un extraño a irreflexivo entusiasmo que no encaja con su carácter, se deja llevar, le manipulan desde la distancia y hacen de él un juguete que va a seguir un juego demasiado simple, sin ser capaz siquiera de tener un solo momento de duda, de sospecha, de incertidumbre.

Da la sensación de ser movido por un destino muy superior a él, capaz de alterar su mente y de hacerle ir, ciego y sordo, directo a su perdición. Cualquiera, siguiendo los pasos últimos dados por Zapata camino del sacrificio, no puede creer que el hombre que era y ha sido siempre el sureño, pueda siquiera llegar a recelar de algo que parece tan obvio, tan fácil de intuir, tan propicio para despertar sospechas.

Por tanto, algunos se preguntan: ¿Quién era realmente Zapata? ¿El hombre desconfiado de su primera etapa? ¿El personaje crédulo y torpe de sus últimos días? ¿Una mezcla de ambos, un ser controvertido, infinitamente más complejo de lo que todos hemos imaginado?

Preguntas que nunca tendrán respuesta. Probablemente Zapata fuera un poco de todo eso, una especie de controversia viviente, mucho más inseguro de lo que parecía e infinitamente más crédulo de lo que daba a entender.

Es probable que fuera una persona que ocultaba sus inseguridades tras una máscara de firmeza y terquedad, de recelos y de intolerancias, sin ser en absoluto así. Al final, vencido por las circunstancias, derrotado por las disensiones de sus propios amigos, desengañado de muchas cosas, quiso depositar su fe y sus esperanzas en algo o en alguien.

Y quiso la mala suerte que eso fuera a ocurrir justamente cuando un puñado de políticos y militares con pocos escrúpulos ideaban y tramaban un complot con ciertos aires de verosimilitud, encaminado a terminar con el hombre y con el mito.

Es evidente que no les fue tan difícil como ellos mismos esperaban acabar con el hombre.

Pero jamás terminaron con el mito.

Capítulo V

— La traición —

LOS zapatistas indultados habían sido ejecutados en Jonacatepec. Aquella falsa victoria tenía exultante de gozo a Emiliano Zapata. Para él era una prueba evidente de la lealtad de su nuevo aliado, el coronel Jesús Guajardo.

Ahora se dirigía al sur de la ciudad, para encontrarse con Guajardo por vez primera. Ansiaba conocer a su actual amigo, rechazando de plano todo recelo de sus consejeros. Para él, en esos momentos, no había nada que temer. Un oficial carrancista se había pasado a sus filas, había permitido que se hiciera justicia con un puñado de traidores y desertores, y ésa era ya suficiente evidencia para que Zapata confiara en Guajardo ciegamente.

Eran las cuatro y treinta minutos de la tarde cuando, bajo un sol de justicia, Zapata y Guajardo se hallaban frente a frente por vez primera. Un abrazo rubricó la nueva amistad entre ambos hombres. Como prueba de leal amistad, el militar que se hacía pasar por desertor de Carranza hizo un valioso obsequio a Emiliano.

Se trataba de un hermoso caballo, llamado «As de Oros». Emiliano lo montó, feliz y satisfecho, y sus recelos, si es que llegó a tener alguno, se disiparon ante aquel detalle de generosidad que él tanto apreciaba. Un caballo como aquél era el mejor regalo que un hombre como Zapata podía recibir.

Conversaron ambos hombres sobre las cuestiones que importaban, y Guajardo le prometió una vez más lealtad absoluta y ayuda en todo momento, contra el enemigo común. Debió ser muy persuasivo y muy buen actor el militar, porque Emiliano se tragó todo sin el menor asomo de duda. Al terminar el encuentro, ambos parecían ser los mejores amigos y aliados del mundo.

Quedaron en reunirse de nuevo al día siguiente, en la hacienda de Chinameca, aquella misma en que Emiliano trabajara un día bajo el mando de los patrones. Guajardo prometió traerle informes y datos muy valiosos para causarle algunas derrotas a Carranza. También eso lo creyó Zapata sin dudar, sin temer ninguna traición por parte de aquel hombre.

Se retiraron cada uno a su punto de origen, quedando emplazada la nueva entrevista de Chinameca para el mediodía siguiente, en el punto indicado. Esto sucedía el 9 de abril de 1919. El día 10, por tanto, era el señalado para el segundo encuentro de ambos hombres.

Zapata no fue solo, evidentemente, a ninguna de ambas citas. A la primera le acompañaron sus hombres de mayor confianza, arma en ristre por lo que pudiera pasar, e igual iba a suceder en la segunda ocasión. Ello parecía alejar considerablemente la posibilidad de una emboscada, puesto que sus fuerzas le protegerían en caso de emergencia. Una emergencia que, por cierto, Emiliano no esperaba ni remotamente, por el hecho de que su confianza hacia Guajardo, en esos momentos, era absoluta.

Al regresar a su cuartel, de nuevo sus espías avisaron a Emiliano de que algo se preparaba y que corrían rumores de una posible emboscada mortal preparada contra él.

Se le aseguró que el rumor era fiable. Asombrosamente, Zapata se negó a escuchar esas advertencias y rechazó de plano la idea de no acudir a su cita con Guajardo. Este hecho entra ya en el terreno de lo incomprensible, y más en un hombre como él, tan dado a protegerse de cualquier riesgo y a desconfiar de lo más mínimo. Sus hombres no acertaban a comprender aquella actitud de su jefe. Los rumores de peligro eran crecientes, y él seguía sordo a todos ellos.

El impulso que movía al líder revolucionario en esos momentos resulta inexplicable desde cualquier punto de vista y no encaja en absoluto con su persona. Pero esto es lo que sucedió, y nadie jamás podrá ya encontrarle una explicación.

Lo cierto es que la traición definitiva estaba a punto de producirse y él iba de bruces al encuentro de la muerte con una irresponsabilidad absoluta.

Aquel 10 de abril por la mañana, la comitiva formada por Emiliano Zapata y una formación de sus mejores hombres se ponía en marcha hacia Chinameca. Aunque llegaba la época de las lluvias y de la siembra, el día era claro, aunque con algunas nubes apelotonándose en el horizonte. Dentro de pocos meses, de haber vivido, Zapata hubiese cumplido cuarenta años. Era, por tanto, un hombre joven, en la plenitud de su vida, el que ahora cabalgaba a lomos de su flamante caballo «As de Oros», rumbo a Chinameca, al encuentro de la muerte.

En su punto de destino, la emboscada estaba dispuesta y el traidor Guajardo esperando a su víctima. El destino había jugado sus cartas, y la única persona en el mundo que hubiera podido anular ese juego iba confiadamente hacia donde nunca debió ir.

Era el último error de Emiliano Zapata. El definitivo.

Él, que tanto había odiado y despreciado la traición durante toda su vida; él, que aborreció desde siempre a los traidores, considerándoles los seres más miserables del mundo, iba derecho hacia la traición que había de acabar con su vida. Ni por un momento, él, que tan poco había confiado siempre en los demás, mostraba ahora toda la confianza imaginable en una persona que le era prácticamente desconocida. La siniestra paradoja iba a dar en breve sus negros frutos de muerte.

En el exterior de la amplia hacienda de Chinameca, el coronel Guajardo esperaba la llegada del líder revolucionario. De nuevo ambos hombres se encontraban, de nuevo les unía un abrazo y se ponían a conversar animadamente, como los mejores camaradas del mundo.

Mientras charlaban, llegó un mensajero advirtiendo que se aproximaban al lugar tropas federales. Todo se movilizó con rapidez, Guajardo fingió alarmarse y Zapata, por su parte, organizó una serie de patrullas que, pese a no verse el menor rastro de enemigo por ninguna parte, fueron enviadas a distintos lugares cercanos, para que montaran guardia por lo que pudiera suceder.

Empezaba a funcionar el plan con matemática precisión, tal como lo ideara el general González. Zapata se quedaba con muchos menos hombres a su mando, al desplegar inútilmente aquellas fuerzas en puntos de alrededor. Lo cierto es que a la una y media de aquella bochornosa tarde, solamente los hombres leales a Guajardo quedaban dentro de la hacienda, esperando su momento.

Fuera de la hacienda, había quedado Zapata con un grupo reducido de sus hombres, aguardando el momento de reanudar las conversaciones, una vez pasado el presunto peligro. Se aproximaba el momento crucial, aquel que el traidor había estado esperando pacientemente y que ahora veía más cerca que nunca.

Poco antes de las dos, uno de los oficiales de Guajardo salió de la finca, acercándose al revolucionario. Su mensaje fue breve:

—El coronel le invita a comer.

Zapata tuvo una momentánea duda. Oteó el horizonte, en busca de posibles enemigos, pero no vio nada ni a nadie. Sus hombres, dispersos por la zona, a algunos kilómetros de distancia, parecían garantizar, con su actual silencio, que nada inquietante ocurría y que la alarma de los federales era infundada.

Sospechando una posible emboscada en el exterior, y sin recelar lo más mínimo de aquella otra que le esperaba de puertas adentro, tras los muros de la hacienda, Emiliano esperó hasta las dos y diez, paseando arriba y abajo. Finalmente, se volvió al oficial que saliera con la invitación.

—Está bien —dijo—. Vamos allá.

Subió a caballo, montando a su nuevo caballo, «As de Oros», y dio orden a diez de sus hombres de que le acompañaran al interior del recinto.

En ese preciso instante inició su avance hacia el gran portalón de la hacienda, que, como un gran arco triunfal, esperaba aparentemente su entrada. Lo cierto es que sí la esperaba, pero no tenía nada de triunfo para él escondido en su interior, sino algo muy diferente.

Al hacer aquel gesto, al subir a la silla de su montura e iniciar la marcha hacia la finca al frente de sus hombres, Emiliano Zapata no sabía que daba el paso definitivo hacia su desastre. Por primera y última vez en su vida, había confiado ciegamente en alguien. La traición, que él tanto aborrecía, iba a consumarse.

La marcha era calmosa, llena de una tranquilidad que nada malo hacía augurar. Dentro de la hacienda, el clarín militar tocó tres veces. Era la llamada de honor, como el homenaje al recién llegado, al ilustre huésped del coronel Guajardo...

Mientras se apagaba la última nota de aquel clarín, Zapata alcanzaba el umbral de entrada. Las patas de su hermosa montura pisaron con arrogancia, cruzando aquel umbral.

Era el fin.

Capítulo VI

— La emboscada —

No le dieron la menor oportunidad. Desde todos los puntos estratégicos del amplio patio interior de la hacienda surgieron soldados de Guajardo armados con sus fusiles. Era un cerco perfecto, bien calculado, sin posible escape para su víctima.

Demasiado tarde, en unas décimas de segundo tal vez, Zapata se dio cuenta de su tremendo error. Quiso sin duda hacer algo, lo que fuera, por escapar a su destino. Pero no pudo. No le dejaron opción alguna.

Antes de que pudiera siquiera tocar las culatas de sus pistolas e incluso de gritar algo a sus hombres, las armas de los soldados emboscados abrieron fuego una, dos veces, a quemarropa.

El estruendo llenó la tarde. Zapata, alcanzado por casi todos los proyectiles disparados sobre él, acribillado virtualmente a balazos, se desplomó de su caballo, para no levantarse jamás. La muerte fue instantánea.

Muchos años más tarde, en el cine, el realizador Elia Kazan recrearía esa terrible escena con minuciosidad escalofriante, en su filme «¡Viva Zapata!», en el que Marlon Brando encarnaba al gran revolucionario de Morelos. Tal vez no sucedió exactamente como narran las imágenes de la película en su tremenda secuencia final, pero fue sin duda algo muy parecido lo que vivieron aquel trágico día los viejos muros de la hacienda de Morelos.

El caballo se apartó, relinchando, de su caído jinete, hecho un ovillo en el suelo, sobre un amplio charco de su propia sangre. No había habido la menor piedad ni cuartel con aquel hombre al que tanto temían y odiaban los soldados federales. Era necesario asegurarse desde un principio el éxito de la emboscada, y así se había hecho. Guajardo podía estar satisfecho de su trabajo. El traidor había cumplido a conciencia su traición.

Zapata estaba muerto. Y con él moría también la Revolución que supo encarnar como nadie. Con él morían las esperanzas de un pueblo entregado a su líder.

Tras la muerte de Emiliano, les tocó el turno a sus hombres, que fueron masacrados lo mismo que él, sin dejar un solo superviviente. La matanza de revolucionarios fue implacable, conforme a lo dispuesto por González.

El paisaje de Chinameca quedó bañado en sangre y cadáveres, como un lugar de maldición. La noticia fue transmitida de inmediato al presidente Carranza, que al fin respiró tranquilo y felicitó personalmente a su general por el éxito de su estrategia.

El pueblo llano de Morelos recibió la noticia como un mazazo. El dolor, la rabia, el desconsuelo, se apoderó de todos. Todos sabían que había muerto algo más que un hombre. Un mito viviente, un líder inquebrantable, un caudillo irrepetible, se había ido con la vida misma de aquel luchador capaz de atemorizar a sus enemigos por fuertes que éstos fuesen.

No tardando mucho, tristes canciones recorrían la región, doliéndose de lo sucedido:

> *«Jilguerito mañanero,*
> *de las cumbres soberano,*
> *mira en qué forma tan triste*
> *ultimaron a Emiliano.»*

El general González se apresuró a sacar partido de la muerte de Zapata, exhibiendo en Cuautla el cadáver de su adversario. Se filmó en película el entierro de Zapata. Se celebraron festejos por todas partes para celebrar la muerte de Emiliano. En las calles, se sucedían los gritos de victoria:

—¡Han matado a Zapata!

—¡Zapata está muerto!

—¡Arriba Carranza!

Mientras los federales, exultantes de gozo, celebraban así su triunfo, los zapatistas, convulsos, dominando sus sentimientos del mejor modo posible, se aproximaban al cadáver de su líder, exhibido públicamente, para despedirse de su jefe y verle por última vez.

Algunos, los más idealistas, afirmaban que Zapata no había muerto, que no podía morir, y que en espíritu estaba con ellos. Otros iban más lejos en sus esperanzas, afirmando que aquel cuerpo no era el de Emiliano, sino el de uno de sus hombres que se le parecía bastante, que él nunca estuvo tan gordo como ahora se le veía en el féretro, e incluso que al cadáver le faltaba aquella señal en forma de manita que tenía desde muy niño en su cuerpo. Se llegó a decir que al cadáver le faltaba el dedo meñique de una mano y él siempre tuvo todos sus dedos completos.

No se sabe hasta qué extremo llegó la fantasía de quienes se negaban a aceptar los hechos, pero lo cierto es que nadie quería admitir que Emiliano Zapata había muerto. El pueblo que rodeaba su cadáver en Cuautla no se ocultaba de mirar con desprecio y odio a los soldados y seguidores carrancistas, a quienes culpaban de aquel crimen. Si no hubo incidentes graves, fue porque las órdenes de Carranza fueron severas, para reprimir cualquier movimiento popular en favor de su héroe.

Los soldados montaban guardia con los fusiles cargados o a bayoneta calada, y eso disuadía a los más impetuosos de estallar en gritos contra Carranza o emprender acciones violentas de protesta. Pero la tensión se palpaba en el ambiente, y si los carrancistas esperaban que la exhibición del cuerpo sin vida del famoso caudillo apagase el entusiasmo de las multitudes, es que no conocían al verdadero pueblo.

Tampoco iban a conseguir acabar con el mito de ese modo, pese a lo que pensaran aquellos que tenían las manos manchadas de sangre, porque los mitos no sólo no mueren, sino que empiezan a ser mitos precisamente desde el momento mismo de la muerte del ser humano.

Las esperanzas del pueblo seguían vivas, como se demostraba en infinidad de canciones populares difundidas a los cuatro vientos:

> *«Arroyito revoltoso,*
> *¿qué te dijo aquel clavel?*
> *—Dice que no ha muerto el jefe,*
> *que Zapata ha de volver.»*

Los soldados zapatistas tampoco aceptaban la muerte de su líder y se hacían eco de esas mil y una leyendas tejidas por la imaginación popular para negar lo evidente. Nadie quería admitir que Zapata estaba muerto, y la versión de que el cadáver era de otra persona cobró por momentos más y más fuerza. Algunos soldados suyos afirmaban rotundamente, al encararse con el cuerpo, que no era el de Zapata, corroborando la versión de que se trataba de uno de sus hombres, vestido como él, a quien Emiliano enviara a la emboscada, temeroso de que sucediera lo que sucedió.

Pero lo cierto es que todo eso eran simplemente manifestaciones de unas gentes que se negaban a aceptar la cruda realidad, porque, de haber sido cierta su explicación, Zapata hubiera vuelto a dar señales de vida, cosa que desgraciadamente no iba a ocurrir. Y no ocurrió.

Su caballo, «As de Oros», regalo de su asesino, sí se libró al parecer de la matanza, y al verlo cabalgar solo por los campos, los zapatistas se persignaban, con una sonrisa de esperanza, afirmando que era el espíritu de su jefe llamando de nuevo a la revolución.

Pero la Revolución había muerto con Zapata, como bien sabían los que le llevaron a la muerte. Pese a todo, a los carrancistas les molestaba que la gente mantuviera vivo el recuerdo de Zapata, y hubieran dado algo por poner freno a todas aquellas habladurías. Pero, si bien habían logrado matar al hombre, era imposible matar una leyenda, y ésta cada vez cobraba más fuerza, aunque la imaginación de sus seguidores, amigos y subordinados alcanzara a veces límites delirantes, en su afán por explicar el silencio de Zapata tras su presunta muerte.

Por ello se llegó a decir que iba y venía por los pueblos, disfrazado, sin bigote y con ropas de campesino, vestido de calzón blanco, fingiendo ser un vendedor de cacharros, para ver cómo estaban sus hermanos de sangre. Otros aseguraban que habían visto a Zapata con un compañero saliendo del país, según unos hacia Puebla y, según otros, más fantasiosos, incluso hacia Hungría o los países árabes, donde era querido y admirado como un dios. Como se ve, la imaginación popular no tenía límites y se inventaba lo que fuese para mantener viva la ilusión.

Después surgió una leyenda que corrió de boca en boca, en la que se afirmaba algo que rozaba ya lo sobrenatural:

—Le han visto salir vestido de charro, con sombrero ancho, a lomos de un caballo blanco cabalgando en la noche, y con una espada en la mano, como si fuese el mismísimo Santiago. Pero era Emiliano, que cabalga en la noche para protegernos a todos...

Otros buscaron afanosamente una versión más mística y religiosa de su muerte:

—Los hombres que son hombres deben morir para demostrar su hombría. Él murió como Jesucristo; él murió para defender a la gente, y Jesucristo así lo hizo también. Y es que designó su vida para que los demás se salvaran. Si no hubiera muerto, la cosa no valdría...

Fuese como fuese, el caso era buscar una leyenda viva, ya fuera en esta clase de historias, ya en forma de canciones, que era como el pueblo llano expresaba sus sentimientos:

> *«Por las orillas de Cuautla*
> *flota una horrible bandera*
> *que empuña la calavera*
> *del aguerrido Zapata.»*

Eran mil las maneras en que el mito se iba así forjando, la leyenda creciendo. Morelos entero recordaba a su líder, haciendo de él un ser inmortal, sin apenas darse cuenta de ello. Todo en Zapata era ya legendario, la fantasía popular creaba un mítico mundo como aureola de su héroe desaparecido.

La satisfacción por la muerte de su enemigo había cedido bastante entre los carrancistas, ante el cariz que tomaba su recuerdo en las gentes. Aquel aire de epopeya que ahora rodeaba la vida y obra de Emiliano Zapata era algo que no se podía destruir con fusiles ni con represalias militares. Ante eso, los asesinos de Zapata se sentían desconcertados, preguntándose si no empezaban ellos mismos a ser víctimas de su propia victoria. Sus nombres eran execrados y humillados por doquier; se les llamaba «verdugos» o «criminales», e incluso algunos carrancistas que no se sentían salpicados por la sangre vertida, miraban con desprecio a los culpables del crimen.

Ellos sabían que todo era pura imaginación popular y que Emiliano Zapata jamás iba a volver. Pero también temían que, ahora que estaba muerto, su influencia sobre la gente del pueblo fuese aún más fuerte que entonces.

Capítulo VII

— Después de Zapata —

EL 1920 era año de elecciones. Carranza aún saboreaba las mieles de su triunfo sobre el zapatismo, que había terminado virtualmente con la Revolución, ya que, al faltar su líder, los rebeldes no tenían fuerzas ni moral para luchar, y nadie en todo el ejército zapatista tenía ni de lejos el carisma suficiente para sustituir al hombre que, para muchos, era ya un mito definitivo.

Pero el propio Venustiano Carranza iba a cometer sus propios errores, que le llevarían a pagar con la misma moneda la muerte de su odiado adversario. Para muchos, lo que estaba por llegar iba a ser un acto de estricta justicia, pero Carranza no podía sospechar, en su actual envanecimiento como primer político indiscutible de México, que nada ni nadie amenazara su privilegiada posición, y menos aún su propia vida.

Su primera equivocación fue dar la espalda a los militares, que siempre le habían apoyado; retirar su respaldo al general Álvaro Obregón, que contaba con mucho apoyo popular, y presentar como candidato a un civil, el ingeniero Manuel Bonillas.

Esto hizo que los militares, al ver en peligro su hegemonía en el gobierno de la nación, decidieran sublevarse. Ello sucedió en Agua Prieta, Sonora, donde el propio Obregón, aliado con Adolfo de la Huerta y Plutarco Elías Calles, se levantó en armas contra el Gobierno y contra el propio Carranza.

Éste, ante el cariz que tomaban los acontecimientos, y temiendo lo peor, decidió abandonar la capital y dirigirse a Veracruz para refugiarse allí y enfrentarse de alguna forma a la revuelta militar.

Pero el presidente jamás llegaría a su punto de destino. Temerosos de que la fuga del jefe del gabinete fuese el inicio de un enfrentamiento que pudiera degenerar en guerra civil, los militares resolvieron deshacerse de Carranza.

En la localidad de Tlaxcalaltongo, el fugitivo político fue asesinado sin miramientos. Era el mes de mayo de 1920. Apenas un poco más de un año había sobrevivido Carranza a Emiliano Zapata, para encontrar idéntica muerte a la de su enemigo. Los zapatistas celebraron su muerte como los carrancistas celebraran el año anterior la de Emiliano Zapata.

Para ellos, era como una justicia divina o una revancha del destino. Incluso para muchos era la venganza de Zapata desde el más allá. Fuera como fuera, resulta cuando menos curioso que, apenas pocos meses después de hallar Zapata la alevosa muerte que le reservara Carranza, éste recibiese la misma medicina al intentar huir. Ni siquiera había tenido la gallardía, dijeron sus enemigos, de morir como un hombre, encarado a la muerte como Emiliano. Él fue asesinado en una emboscada traicionera; Carranza, escapando de sus propios aliados.

Muerto Carranza —y exhibido su cadáver en publico también esta vez, como puede verse en numerosas fotografías publicadas por entonces—, fue el general Adolfo de la Huerta quien se hizo cargo interinamente del poder, aunque posteriormente en las elecciones fuera Álvaro Obregón quien triunfara, erigiéndose en presidente de la nación.

Recordando los tiempos del zapatismo, Obregón tuvo el acierto indiscutible de cambiar radicalmente la política agraria, reformar las leyes, apoyando a campesinos y obreros, y llevando de este modo la paz a muchos rincones del país. En lo único que se vio forzado a ceder, a través de los llamados convenios de Bucareli, fue en no perjudicar los intereses norteamericanos en el país con la aplicación retroactiva de la Constitución del 17.

También en 1920, Pancho Villa se vio obligado a deponer las armas en el norte, firmando un acuerdo de rendición de él y de toda su guerrilla de bandoleros, ante el general Eugenio Martínez. Eso marcó el retiro del ex revolucionario, quien vivió los últimos años de su vida entregado al reposo y al alcohol, ¡él que siempre había sido abstemio!

Pero los hombres que hicieron la revolución parecían marcados por un hado adverso, común para todos, y su retiro fue muy breve, ya que en 1923 también Villa era asesinado en una emboscada, aunque nunca ha estado claro quiénes fueron los conspiradores ni qué les movió realmente a matar a un hombre que ya no significaba ningún peligro político para nadie.

Su muerte y su entierro causaron una gran conmoción en todo el país, pero ni mucho menos la que ocasionó en su momento el fin de Zapata. Algunos recordaron con nostalgia el momento en que ambos revolucionarios se encontraron, y lo que hubiera podido cambiar todo de haber sabido aliarse de un modo sólido y definitivo.

Ahora ya era tarde para todo eso. Los dos grandes líderes habían muerto, y de ellos solamente quedaba vivo el mito, el recuerdo de sus gestas, la leyenda de sus personas inigualables.

No obstante, Villa no dejaba tras de sí ninguna huella política a seguir, ya que había renunciado a su propia revolución hacía años, mientras que el zapatismo continuaba vivo en el país. Las ideas de Zapata las continuaba un antiguo colaborador suyo, Magaña, y luego siguieron otros. Incluso se provocaron algunos movimientos de rebeldía campesina cuando fue necesario, siguiendo las directrices de su antiguo caudillo.

Resultaba evidente que no sólo el mito Zapata continuaba vivo, sino que mucha gente era fiel a sus consignas y mantenía viva su política agraria contra las injusticias y los abusos. Ése era su gran triunfo después de muerto, y eso nadie podía impedirlo.

Son numerosas las evidencias de que el zapatismo sobrevivió a su creador, y que su obra y sus ideales se han conservado intactos muchos años después de su muerte.

Una prueba de ello es que en 1940, más de veinte años después de su trágico final en Chinameca, un hombre, Genovevo de la O, fundó el Frente Zapatista de Morelos, continuador de la obra del líder asesinado, recuerdo vivo a su memoria y esperanza para quienes, aun entonces, pudieran sufrir las injusticias de los más poderosos. Se han llevado a cabo, siempre que las circunstancias lo han exigido, movimientos nacionales del campesinado, evocando las reclamaciones sociales de Zapata, como dan fe de ello numerosos pasquines y carteles que, aun en nuestros días, junto a los murales propios del arte autóctono mexicano, pueden verse pegados en muros urbanos, recordando al líder y evocando su obra.

La Unión General Campesina Obrera y Popular es un movimiento reivindicativo inspirado en los principios zapatistas de entonces, y la figura legendaria de Emiliano Zapata se ha ido manteniendo e incluso agigantando con el curso de los años.

Actualmente, no hace mucho tiempo, en 1994 se vivió en Chiapas una situación límite que condujo a los habitantes de esta región meridional de México a levantarse contra el Gobierno, invocando para ello a la figura de Zapata.

Se da la circunstancia de que Chiapas, como entonces Morelos, es un estado eminentemente agrícola, dedicado al cultivo de azúcar, café, cacao y maíz, principalmente. Justo como Morelos. Por ello mismo no resulta extraño que sus naturales recordaran la figura de aquel que lideró en su tiempo todos los movimientos obreros y campesinos. El zapatismo volvió a cobrar un protagonismo insospechado, que incluso situó al país al borde de un serio conflicto armado.

Los tiempos han cambiado, evidentemente, aunque sea inevitable que se produzcan injusticias y diferencias sociales capaces de empujar a los pueblos a reclamar sus derechos. Pero de lo que no cabe la menor duda es de que, a través del tiempo, y pese a todas las diferencias entre una época y otra, el espíritu de Emiliano Zapata, como afirmaban sus más leales seguidores en aquellos aciagos días de abril de 1919, sigue vivo y bien vivo.

Ningún otro caudillo revolucionario de su época mantiene esa vigencia y esa aureola. Habrá que pensar que, como decían las letras de aquellas canciones evocadoras, entonadas como un llanto con lágrimas de voz rota y de guitarra, podamos decir ahora aquello de:

«Dicen que no ha muerto el jefe,
que Zapata ha de volver.»

Mal negocio, entonces, hicieron Carranza, el general González y el coronel Guajardo con aquella sucia traición. Tal vez, de haber vivido y muerto como cualquier otro ciudadano, pese a ser el mismo Emiliano Zapata, el mito no se hubiera creado. Y su figura, a lo largo de los años, se hubiera olvidado o, cuando menos, difuminado en la distancia.

Pero ellos lo quisieron. Quisieron matar al hombre, y lo consiguieron. Quisieron matar a la leyenda, y eso nunca lo ha conseguido nadie, porque la leyenda sobrevive a los hombres y a las generaciones, se proyecta hacia el futuro. Y nadie puede matarla.

Tercera parte
Zapata, el recuerdo

Capítulo Primero

— Antes de la Revolución —

En 1877 subió Porfirio Díaz al poder. En 1880 le sucedió el general Manuel González, que durante un período de cuatro años detentaría el más alto cargo ejecutivo de la nación, para devolvérselo definitivamente al propio Díaz en 1884.

Nadie va a negar que este hombre fuera honrado, porque realmente lo era. También era autoritario, y eso iba a crear problemas. A pesar de que había logrado un entramado político de gran solidez, pese a la impopularidad que arrastrara consigo el general González durante su mandato bajo los auspicios porfiristas, y a pesar de que la estabilidad económica del país era firme y el período de paz muy favorable, su mayor error fue el de confiar la explotación de los bienes nacionales a compañías extranjeras y proteger demasiado a los grandes terratenientes y hacendados.

Ya hemos analizado en otros pasajes de esta obra lo erróneo de esa política y lo funesto de sus resultados. Pero es probable que Díaz no supiera ver sus propios errores y que su perspectiva del futuro nacional no fuera la más justa ni adecuada. Lo cierto es que todo ello fue fomentando el descontento en las capas menos altas de la sociedad.

Se estaba incubando lo inevitable. Como un presagio de lo que se avecinaba, apareció por entonces sobre el cielo de México el cometa Halley. Era 1910, y la presencia del cuerpo celeste asustó a la gente sencilla de los pueblos. Muchos fueron los que vieron en esa aparición del cometa, profecías de muerte, guerra, peste y hambre. Evidentemente, era pura superstición.

Pero lo cierto es que no cometieron un error al profetizar esas calamidades. Las cosas que estaban por llegar, no iban a ser mucho mejores de lo que temían los supersticiosos observadores del paso del famoso cometa.

Otro cometa con mayor fuerza devastadora iba a aparecer por entonces en México, en medio de la aparente paz porfirista. Era Francisco Ignacio Madero,

Madero deseaba que su país fuese realmente democrático, y se terminara con los treinta y seis años de gobierno de Díaz. Consideraba que la duración de un mismo hombre en el poder, no sólo era antidemocrático, sino dañino para el pueblo, y perpetuaba de modo antinatural una serie de vicios y anquilosamientos propios de todo sistema personalista y dictatorial.

Su campaña estuvo encaminada en todo momento a terminar con ese estado de cosas, y empezó a crecer el número de adeptos dispuestos a apoyarle y votar a su favor en las inminentes elecciones. Porfirio Díaz arregló las cosas como se suele hacer en estos casos: en vísperas de la confrontación electoral, ordenó encarcelar a su antagonista, y asunto resuelto. Madero fue a la cárcel y Díaz fue reelegido. Pero la mecha estaba encendida desde ese momento. Sólo era ya cuestión de tiempo que la bomba estallara, con todas sus consecuencias.

Estamos relatando todos estos antecedentes de la Revolución, porque en ellos vemos el origen real de lo que iba a suceder no tardando mucho. Madero era el estandarte inicial de la revuelta popular. Muy pronto, hombres como Villa en el norte o Zapata en el sur, iban a tomar el relevo, llevando a sus hombres a la lucha.

Villa, que hasta entonces era un hombre al margen de la ley movido por circunstancias que le habían llevado a matar, era un maderista convencido. Y al ver la actitud del viejo dictador, optó por salir en defensa de Madero de forma abierta, declarada, y se levantó en armas en Chihuahua, asaltando un tren federal en San Andrés y matando al general que iba en el convoy para dirigir las operaciones militares contra los insurrectos.

Tras este suceso, Villa logró ocupar la población de San Andrés sin necesidad de disparar un solo tiro. Abraham González se unió a Villa, haciéndose cargo de la dirección y mando de aquel cuerpo rebelde.

La revolución había estallado. Y ya nada ni nadie iba a poder pararla. En el norte saltó la primera chispa. Pronto, en el sur, iba a saltar la segunda: la de Emiliano Zapata.

Hasta entonces, nadie había sabido o querido prever los acontecimientos en las altas esferas de la nación, no se sabe bien si por desidia o exceso de confianza en seguir manteniendo un estado de cosas que los mexicanos no iban a tolerar durante demasiado tiempo sin mover un dedo y con total pasividad. No era un pueblo violento ni agresivo como a veces, erróneamente, han creído verlo observadores extranjeros.

En realidad, nadie quería que aquello sucediera, pero los condicionamientos históricos se estaban dando en abrumadora intensidad para que al final sucediera. No se puede estar forzando demasiado un mecanismo sin correr el riesgo de que éste acabe saltando. Y en este caso concreto el mecanismo era el propio país, forzado por una serie de circunstancias que lo iban presionando demasiado y que, por añadidura, no se le veía un final que aliviara esa presión insoportable.

Errores de gobierno, actitudes altaneras de los hacendados y terratenientes, excesos de los funcionarios, abusos de fuerza en las grandes empresas extranjeras instaladas allí, todo ello formaba una amalgaba harto peligrosa para la calma social y la resignación tradicional de las gentes de las capas socioeconómicas más bajas y desfavorecidas de esa misma sociedad.

De no haber sido Madero el primero en prenderle fuego a la mecha y hacer estallar el polvorín, hubiera sido otro. De no seguirle gente como Villa y Zapata, hubieran surgido otros. Pero el designio del destino era ése, y así tenían que acontecer las cosas para que los cimientos de aquel edificio de equivocaciones y de incompetencias se resquebrajaran, viniéndose todo abajo. Las revoluciones han sidos siempre fruto de la ologarquía, y aquélla no fue una excepción, ni mucho menos.

El ejemplo de Francia vuelve a ser inevitable de recordar. Allí, la monarquía y las altas clases sociales fueron los culpables de todo. La aristocracia creyó tener carta blanca para toda clase de desmanes, bajo el apoyo de la Corona que, unas veces por debilidad, otras por arrogancia, se limitó a proteger y apoyar a esas privilegiadas familias de títulos nobiliarios, olvidándose del pueblo llano, de los millones de familias depauperadas que se movían en la miseria.

Después, la Revolución francesa hizo tabla rasa de todo eso, en medio de un auténtico baño de sangre, y los errores cobraron toda su verdadera magnitud al ver sus consecuencias reales. Pero nadie parece dispuesto a aprender de la Historia. Y los gobernantes de México, durante el período prerrevolucionario, tampoco aprendieron nada de todo eso.

Resulta extraño que, en un país que había sabido quitarse el yugo extranjero, con la caída y muerte del emperador Maximiliano y la sublevación de Juárez, no se pensara que ese mismo pueblo pudiera, llegado el momento, querer vivir dignamente, en medio de un equilibrio social y económico, sin sentirse explotado ni humillado por los extranjeros y por sus propios compatriotas poderosos.

Las lecciones se aprenden duramente cuando ya no hay remedio y eso fue lo que sucedió una vez más. Porfirio Díaz podía ser honrado y recto, pero no permitir que los demás no lo fueran. Tampoco era bueno obligar a su pueblo a soportar una forma de gobierno indefinidamente, porque eso es autoritarismo totalitario y genera por si solo una serie de vicios corruptos que acaban por socavar los cimientos más sólidos.

Fuese como fuera, lo cierto es que se pudo enmendar a tiempo la situación y rectificar errores. Pero no se hizo. Si Díaz hubiera permitido enfrentarse con Madero en unas elecciones libres y democráticas, como era el deseo de este último, tal vez hubiese habido un cambio de gobierno, un giro en el curso de los acontecimientos y con ello la ausencia de todo golpe revolucionario. Eso nunca se sabrá, ya que luego los acontecimientos han venido a sembrar de dudas incluso la buena voluntad de gente como Madero o Carranza, que fueron a caer en iguales o parecidos errores a los del período anterior a la Revolución. No hablemos ya de Huerta, porque éste, al subir al poder, no pretendió nunca cambiar las cosas ni ser más tolerante o democrático que los demás, sino todo lo contrario.

Pero lo cierto es que nadie hizo nada por rectificar, y las cosas se fueron pudriendo inexorablemente. En diversos puntos del país, antes del estallido general, se iban dando puntuales situaciones de violencia y rebelión, prontamente sofocadas por las mal organizadas tropas federales, ya que se tenían que enfrentar a simples grupos de campesinos o de obreros descontentos, a los que era tarea sencilla frenar por las armas.

En esos casos aislados, las represalias solían ser muy duras, pensando que con pruebas de fuerza todo se podía solucionar y se iba a reprimir indefinidamente el descontento general.

Ello no era así, aunque de momento los arrestos, el uso de las armas contra simples machetes, hoces o viejos fusiles, e incluso por desgracia algún fusilamiento sumarísimo pretendidamente ejemplarizante, pudieran frenar la revuelta y devolver la calma a los lugares afectados.

Era ésa una calma efímera y demasiado frágil, a la que se había añadido el lastre de nuevas injusticias y represiones federales que la gente no podía olvidar. El resentimiento contra los que mandaban iba en aumento, aunque soterrado. Y nadie se daba cuenta de que eso estaba empeorando las cosas paso a paso.

Madero logró escapar de la cárcel en 1911, logrando establecerse en la hacienda de Bustillos, Chihuahua, poco más o menos cuando Villa comenzaba sus acciones violentas en el norte. Sabía que en varios puntos cabecillas de su revuelta estaban empezando a alzarse en armas o se disponían a hacerlo de inmediato, y aunque confiaba en la valía de todos ellos, él quería ser quien dirigiera la revolución, al menos en todo el norte del país, ya que los demás podían extremar demasiado sus métodos, y no quería que a nadie se le fuera la mano, llevado por odios personales o viejos rencores acumulados.

Además de Villa, contaba con otro leal aliado natural de Chihuahua, Pascual Orozco, no demasiado disciplinado, puesto que a veces llevaba a cabo acciones propias, sin el consentimiento directo de Madero, y eso creaba enfrentamientos entre los propios revolucionarios. Sin embargo, Madero tuvo que perdonarle a su subordinado que atacara Ciudad Juárez sin contar con él, por el simple hecho de que Orozco tuvo éxito en su iniciativa y ocupó la ciudad.

Pero estas situaciones, en los inicios mismos de la revuelta general, conducían a veces a momentos de gran tensión, en los que pudo haber sucedido lo peor.

Por ejemplo, en un determinado trance, Orozco y el propio Villa resolvieron ejecutar al general federal Navarro. A esta decisión tan drástica se opuso Madero de inmediato, pero sus subordinados no cejaron en su empeño, llegando a amenazar a Madero si no les permitía llevar a cabo el fusilamiento del militar.

Era un momento complicado, pero menos mal que Villa reaccionó a tiempo y, como hombre leal que era con sus camaradas y jefes, llegó a llorar ante Madero, pidiéndole perdón por su insistencia y su falta de disciplina. Así se zanjó la difícil coyuntura, pero ello es solamente un ejemplo de lo que podía suceder en la incipiente revolución si cada cual tiraba por su lado y fallaba la disciplina en las filas rebeldes.

Por otro lado, ya con anterioridad, habían estallado numerosas huelgas en las zonas mineras y en las industrias textiles, que habían puesto otra nota de claro descontento que hubiera debido alertar a los mandatarios de la difícil situación que se avecinaba haciendo oídos sordos a tanta protesta.

En el estado mexicano de Sonora, eran los norteamericanos quienes explotaban los yacimientos de mineral, y tampoco puede decirse que el vecino yanqui fuera un dechado de generosidad ni de justicia social con sus trabajadores. Por ello estalló la tan sonada huelga de Cananea, pero en vez de analizar la situación y ponerle remedio, el Gobierno se limitó a enviar allí sus tropas, reprimiendo la huelga con dureza y metiendo en la cárcel a todos sus dirigentes.

Poco después, en Río Blanco, Veracruz, eran los obreros textiles quienes organizaban su propia huelga contra las empresas del sector. También en este caso la represión federal fue de una extrema dureza, lo que caldeó aún más los ánimos de los trabajadores. El descontento era como una enorme mancha de aceite que se iba extendiendo por doquier, sin posibilidad de que nadie le pusiera freno.

Francisco Ignacio Madero era un joven hacendado de Coahuila, autor de algunas obras relativas a la democracia y la necesidad de su implantación en el sistema político mexicano. Por ello no es de extrañar que fuera él quien iniciase la lucha por esas libertades democráticas.

Lo curioso del caso es que, inicialmente, Madero no era en absoluto enemigo de Porfirio Díaz, y que a lo único que aspiraba era a llegar al cargo de vicepresidente de la República con el propio Díaz. Pero sus propósitos nunca se vieron cumplidos por la oposición del gabinete presidencial a que un hombre de ideas tan diferentes a las suyas ocupara un puesto desde el que poder dar expansión a sus principios.

En 1908 había anunciado Díaz que se retiraría del poder definitivamente, en 1910. Al parecer era sincero al decidir esto, porque ya hemos dicho que a Díaz se le pueden achacar muchas cosas, sobre todo su largo apego a la silla presidencial y sus métodos represivos, aparte de su apoyo desmedido a la alta burguesía y a los intereses de los poderosos, pero en el fondo siempre había sido un hombre de probada honradez personal.

Por ello es de suponer que en su cambio de planes y su reiterada insistencia en volver a presentarse a la reelección, y deshaciéndose además de su más incómodo adversario, entran otros factores ajenos a su propia voluntad. Tal vez en el fondo era prisionero del mismo estado de cosas que él había provocado, y había poderes fácticos en el país que le forzaban a seguir adelante sin cambiar nada.

Fuera como fuera, Díaz siguió en el poder aquel año de 1910, y ello iba a cambiar el destino de los acontecimientos y la historia misma del país.

Todo ese panorama nacional constituía la antesala del enfrentamiento que iba a provocar una serie de años de encarnizada lucha tanto en los campos del sur y del norte del país, como en los pueblos y ciudades, paralelamente a la propia lucha política que, en la capital de México, haría sucederse uno tras otro los diferentes gobiernos que la propia Revolución iba a cambiar caprichosamente, unas veces levantando a los partidarios de la Revolución hasta la presidencia, y otros dando paso a los que querían ser azote de ese mismo levantamiento contra el poder constituido.

Entre esos políticos y gobernantes jamás encontraremos a Zapata —ni tampoco a Villa, por supuesto—, porque ellos eran simplemente lo que eran: hombres empujados a la lucha por diferentes razones, y con una personalidad muy distinta entre sí, a pesar de sus afinidades. Pero ninguno, ni Villa ni Zapata, ansiaba poder político ni hacían su lucha con ambiciones de ese tipo.

Emiliano Zapata era sencillamente lo que siempre fue, desde su nacimiento: un campesino, un hombre nacido entre gentes que cultivaban la tierra, y con sangre de campesino nato en sus venas. Nunca pretendió ser más, y si el momento y sus circunstancias llegaron a convertirle con el tiempo, y por un determinado período que ya hemos visto anteriormente, en un dirigente de su pueblo, lo fue a su manera y por razones de fuerza mayor, no por gusto.

Se inició en la política local empujado por una serie de factores que le empujaron a ello, así como por el consejo de personas afines y amigos y vecinos, pero no siguió por ese camino en ningún momento. Alcanzó el mando de todo un estado secesionista del Gobierno central, como fue Morelos, por circunstancias muy concretas. Y eso fue todo en cuanto a sus contactos con la política.

Emiliano no era de esa clase, y si permanece hoy día en el recuerdo de las gentes no es precisamente por razones de estricta política, sino por su papel en la lucha de todo un pueblo contra la opresión de los privilegiados.

Ése sí es su verdadero recuerdo, la imagen agrandada que nos ha legado para la posteridad su paso por el mundo y por un momento de la historia de su país. Es un recuerdo vivo, palpitante y hasta poético en el fondo, a pesar de que aquella guerra nada tuvo de poética y sí mucho de cruenta.

Pero con el paso del tiempo son muchas las cosas que se idealizan y llegan a cobrar un encanto romántico que en su momento distó mucho de poseer. Es lo que ocurre con las guerras, con las epopeyas armadas, desde tiempo inmemorial. Si Troya y su feroz guerra tuvo sus cánticos inmortales en la pluma de Homero, la revolución ha tenido siempre su propio canto de gloria, por lo que significa en sí de rebeldía del propio ser humano contra lo que le agobia y atenaza injustamente. La Revolución mexicana no es una excepción.

Por ello resulta natural que sus héroes también alcancen esa aureola triunfal y ese romanticismo heroico que caracterizó su lucha y sus afanes. ¿Y qué mayor héroe que el propio Emiliano Zapata, el hombre que aglutina en su persona toda la fuerza y la grandeza de la batalla, del triunfo o de la derrota, e incluso de la propia vida y de la mismísima muerte?

Hombre y soldado, vencedor y derrotado, mártir y mito. Ése es el conjunto del recuerdo de su figura en la distancia de los años, y ésa es la imagen que de él nos ha legado en parte la historia y en parte la leyenda.

Es el recuerdo que nada ni nadie podrá ya borrar. Unos seguirán denostando su figura, otros la alabarán con entusiasmo y muchos la estudiarán con curiosidad. Pero nadie permanecerá ajeno a ella ni la podrá ignorar.

Porque Emiliano Zapata, hombre, soldado o mito, hoy es recuerdo vivo de lo que fue.

Y eso es lo que cuenta.

Capítulo II

— Pararelismo y diferencias entre Villa y Zapata —

Hemos hablado en el capítulo anterior de lo que separaba a uno de otro revolucionario, que sin duda era más de lo que los unía, por desgracia para la causa que ambos defendían con igual convicción y heroísmo.

Muchos fueron los rebeldes que se lamentaron siempre de que la histórica reunión en México capital y en Xochimilco no diera los esperados frutos, que hubieran terminado con la guerra civil, hubieran consolidado el poder de la Revolución y hubieran traído la paz y el sosiego de que tan necesitado estaba todo el país a esas alturas.

Pero lo cierto es que ello no fue posible, y no por culpa de Emiliano Zapata o de Pancho Villa. Si hubo alguna culpa, en todo caso, fue de ambos. O de ninguno.

Nos explicaremos. Resulta difícil que dos hombres de su talla estén de acuerdo en todo, por mucho que les ate una causa común. Eran tan distintos entre sí, que la alianza era poco menos que imposible, si bien es cierto que ninguno de ellos se esforzó demasiado por limar esas diferencias y aceptar el acuerdo final. Sí que salieron de la reunión como amigos y aliados, pero la alianza iba a durar muy poco, porque ni Villa podía cambiar su modo de ser ni Zapata se iba a doblegar con actitudes tan ajenas a su propia idiosincrasia.

Eran dos grandes líderes. Tenían carisma, tenían valor, tenían fe en lo que hacían. Y querían lo mejor para el pueblo. Eso les unía. Y un sinfín de cosas les separaba.

Era Villa un hombre nacido en difíciles circunstancias familiares. Su padre murió pronto y tuvo que trabajar duro para ayudar a su madre, Micaela Arámbula. Su padre se llamó Agustín Arango, por lo que el nombre real de Villa era el de Doroteo Arango Arámbula. Villa era el apellido de un abuelo, y es el que adoptó andando el tiempo.

Pero si tuvo una niñez difícil, su adolescencia iba a ser aún peor. Trabajaba con una de sus hermanas, Martina, en una hacienda de su lugar natal, San Juan del Río, en Durango. Un día, al regreso de su tarea, vio a su madre forcejeando violentamente con el amo de la hacienda, que pretendía llevarse a su hermana Martina para hacerla suya.

Villa no vaciló lo más mínimo. Corrió a la casa, tomó una pistola y disparó con ella sobre el amo. Tras esto, no tuvo otro remedio que escapar y refugiarse en la sierra, perseguido como un forajido. Terminó por ser capturado y llevado a la cárcel de su pueblo natal. Le esperaba la pena capital por su delito, pero el joven logró huir, tras causarle una herida al carcelero.

Otra vez convertido en un proscrito, desde 1901 a 1909, Villa cometió toda una serie de delitos, desde el robo de ganado al asesinato. Es ahí, sin duda, en ese período de su existencia, cuando se forja su duro carácter, su temperamento en ciertos momentos cruel, pero también su habilidad para la lucha guerrillera y su capacidad para enfrentarse a cualquier clase de peligro.

Como se ve, es una niñez muy diferente a la de Zapata, y una adolescencia que poco o nada tiene que ver con la del joven sureño, que vive trabajando el campo, ayudando a sus padres, viendo las injusticias de los patronos y sintiendo que su sangre india y campesina hierve de cólera cuando ve los abusos de la oligarquía.

Nada en común, pues, entre ambos hombres, en lo que se refiere a sus primeros años y a su modo de crecer y hacerse hombres. Al morir los padres de Emiliano, él trabaja la tierra heredada, como todos sus vecinos y amigos, lejos de imaginar el futuro de violencia que le espera, mientras Villa ha vivido esa misma violencia durante varios años antes de la Revolución.

Mientras Villa huía, perseguido por la Justicia y cometiendo diversos delitos, Zapata trabajaba la tierra como los demás, y se ocupaba en entretenimientos como las peleas de gallos, las corridas de toros, la doma de potros y las pruebas de tiro. Ambos tenían en común para entonces que eran expertos jinetes y magníficos tiradores, pero por razones muy distintas.

El único delito de Emiliano en su juventud fue pelear con un empleado de la hacienda más importante de la localidad durante una partida de cartas, lo que supuso su detención, pero ni siquiera llegaron a encarcelarlo, porque su hermano Eufemio le liberó antes, si bien tuvo que huir durante un tiempo a los rigores de la ley.

Como se ve, trayectorias bien distintas entre ambos hombres, como distintos eran los puntos geográficos donde nacieron y, con ello, muy diferente también la problemática de los seguidores de Villa y los de Zapata.

Si, además, tenemos en cuenta que Villa era extravertido, dado a prometer cosas que luego le costaba cumplir, y que Zapata era hombre de palabra, recto y firme; que Villa podía ser dicharachero y jovial o violento y feroz, indistintamente, mientras que Zapata era ascético, desconfiado y receloso, de carácter más bien hermético y poco dado a las efusiones, tendremos un doble retrato que no liga demasiado bien entre sí, por lo que no es nada extraño que ni uno ni otro pusieran demasiado de su parte para que las cosas fueran mejor entre ellos y la soñada unión revolucionaria dejara de ser un sueño y se convirtiera en un hecho cierto y concreto.

Pero, como veremos a continuación, hay otros muchos factores en los que podemos advertir tanto los puntos afines a ambos, que no eran demasiados, como los que les separaban, que eran bastantes más.

Hemos visto, en su momento, una panorámica bastante completa de lo que era la vida íntima de Emiliano Zapata. Ni comparación posible con la de Villa, de quien se asegura que se casó con-

forme a la ley nada menos que ¡setenta y cinco veces! Aparte los
amoríos y enredos de faldas que tuvo a lo largo de toda su vida, cuya
cifra es incontable. Él mismo solía asegurar, refiriéndose a este tema:

—Yo tengo tres grandes vicios: los buenos caballos, los gallos
valientes y las mujeres bonitas.

Y vaya si era así. Que se sepa, hasta siete mujeres reclamaron ser
sus legítimas esposas: Juana Torres, Luz Corral, Austroberta Rentería,
Pilar Escalona, María Amalia Baca, una tal Asunción B., cuyo apellido no consta, y finalmente Soledad Seáñez.

Pero, al parecer, ninguna de ellas fue ni tan siquiera su primera
cónyuge, ya que al decir de sus historiadores, ésta no fue sino una
tal Petra Espinosa, raptada por Villa antes del período revolucionario.

Era sumamente celoso de todas sus parejas femeninas, tuvo varios hijos con distintas mujeres y, no contento con eso, se dedicaba
también a recoger hijos de otros, huérfanos en su mayoría, de cuyo
cuidado encargaba a su esposa de turno.

Pero aun con todo ese historial amoroso, y aun con lo que las
faldas significaban para él, jamás consideró seriamente que una mujer pudiera participar en la vida política y activa del país, al margen de sus tareas de esposa, ama de casa y madre. Por eso, cuando
el periodista norteamericano John Reed, corresponsal en México
de varias publicaciones norteamericanas y cronista excepcional de
la Revolución, como demuestra su libro *México Insurgente*, le comentó algo sobre los derechos de la mujer en la sociedad actual,
Villa, estupefacto, no dudó en responder al reportero:

—¿Qué quiere decir usted con eso de los derechos de la mujer?
Por ejemplo, ¿votar como los hombres? No querrá usted decir que
ellas puedan elegir gobierno y hacer leyes...

El machismo de Villa era, pues, obvio. Él no podía entender que
en una futura República revolucionaria, alcanzada por él y Zapata,
la mujer pudiera tener iguales derechos que un hombre. Cuando el
propio John Reed le explicó que en los Estados Unidos las cosas ya
eran así, se dice que Pancho Villa le replicó, en uno de sus típicos
cambios de carácter:

—Bueno, si lo hacen allá, no veo por qué no puedan hacerlo acá —y añadió, según escribe el propio Reed—: Nunca había pensado en ello, la verdad. Pensaba que a las mujeres les bastaba con ser protegidas y queridas. Son compasivas y sensibles, pero no tienen juicio ni una mentalidad decidida. Tome un ejemplo: una mujer nunca daría la orden de ejecutar a un traidor.

Reed le replicó que una mujer, llegado el caso, podía llegar a ser, incluso, más dura y más cruel que un hombre. Villa todavía dudaba de este aserto y, para convencerse, no tuvo otra idea que dirigirse a su esposa en aquel momento y preguntarle:

—Anoche sorprendí a tres traidores cruzando la vía del ferrocarril para dinamitarla. Qué te parece, ¿los fusilo o no?

La respuesta de ella fue simple:

—Bueno, si es así, fusílalos.

Todo esto dejó perplejo al revolucionario, que empezó a pensar que el periodista norteamericano no andaba tan descaminado en sus afirmaciones.

Todo esto viene a demostrar que el modo de ser del guerrillero del norte era variable y no excesivamente seguro de sí ni de sus convicciones, muy al contrario que Zapata, que nunca puso en tela de juicio la capacidad de la mujer para hacer tareas de hombre llegado el caso, aun dentro de un inevitable machismo, propio de la época y de la idiosincrasia de su raza.

Incluso en el último período de su vida, Villa compartió sus relaciones afectivas con diversas mujeres, unas esposas legales y otras no. Muchas de sus amantes jamás han podido ser identificadas, tal vez porque fueron demasiadas.

Se hizo rodear siempre de niños, propios o ajenos, a los que amaba realmente y por los que se desvivía. Es otro de los contrasentidos de aquel guerrero nato, hecho para luchar, para destruir y para matar, y cuya ternura hacia lo infantil, en cambio, servía de fuerte contraste a su persona.

Mientras tanto, Zapata solía ser enteramente fiel a la pareja del momento, ya fuera esposa o amante, y no repartía sus atenciones entre diversas mujeres. No sólo las amaba, sino que las respetaba y tenía en gran estima. Pero en cuanto a ternura y afecto, en lo que se refiere a lo que las mujeres sentían de amor, gratitud y afecto por la persona, se puede decir que sí existió un paralelismo entre ambos líderes.

Ninguno de ellos ofendió o maltrató nunca a una mujer, ya fuera o no pareja suya. Ambos eran caballerosos, correctos y educados con el otro sexo, trataran con una dama, una campesina o una prostituta. Ese punto en común enaltece por igual a los dos. Ojalá en otras muchas cosas hubieran sido tan iguales, y otro gallo cantaría a la suerte final de la Revolución.

Pero es obvio que no estaban condenados a entenderse los dos únicos caudillos carismáticos de aquella revuelta, cuyo concurso común hubiera impedido que cualquier político se hiciera con las riendas del poder. Pudieron más las diferencias que las analogías, y eso iba a ser profundamente negativo para sus ideales.

En 1911, Madero hizo una oferta a Villa. Le dijo que abandonara la lucha armada y se retirase a una vida privada, a cambio de diez mil pesos. Villa aceptó y volvió al negocio de la carne, que ya llevara con anterioridad, aunque la pausa duró poco.

Cuando Pascual Orozco decidió volver a rebelarse, esta vez contra Madero, invitó a Villa a que se uniera a él. Pero Villa, demasiado fiel a su anterior jefe, optó por unirse a Madero en 1912, lo que le llevó a combatir al lado del general Victoriano Huerta, que no tardaría en convertirse en presidente y dictador de México. Desde un principio, ambos hombres no congeniaron en absoluto, y Huerta no cesaba de aprovechar toda oportunidad que tuviera para humillar y rebajar a Villa, llamándole «general honorario».

Pero Villa era astuto y fue aprendiendo y copiando tácticas militares de Huerta. De todos modos, aquella lucha en común iba a durar muy poco, porque, por el hecho de robar Villa una yegua, el dueño de ésta se quejó a Huerta y el militar ordenó el fusilamiento de Villa.

Por suerte para él, Madero pudo terciar a tiempo y llegó su orden de indulto justo cuando Villa estaba ya en el paredón, ante el pelotón de fusilamiento ya formado. Se libró de la muerte, pero no de ir a la cárcel de Santiago Tlatelolco, en la capital de México.

Sería allí, en prisión ya, cuando Villa entabló conocimiento con un destacado luchador zapatista, Gildardo Magaña, quien le fue informando detenidamente de la problemática de Morelos y de todo el ideario de Emiliano Zapata en su lucha por defender los derechos de sus conciudadanos. Villa, que hasta ese momento nada sabía de su colega sureño, salvo de oídas, fue empapándose bien de la ideología y motivaciones del caudillo sureño. Empezó a profesar una especial simpatía por aquel campesino metido a soldado y por su lucha contra la opresión. Y empezó a entender, al fin, que su gran aliado, Madero, no era tan de fiar como había él pensado. También supo, en aquella cárcel, de los planes revolucionarios para derrocar al actual presidente.

Poco después, ayudado por un escribiente de los juzgados militares, le fue posible escapar de prisión y desde allí cruzar la frontera y refugiarse en los Estados Unidos.

Aun con todo eso, seguía empecinado en serle fiel a Madero, pero en 1913 se produjo la caída final del viejo amigo, asesinado junto con su leal Pino Suárez, por orden de los insurgentes dirigidos por el general Huerta, a quien la mayor parte de los maderistas, y otros que no lo eran, calificaron inmediatamente de usurpador.

Siguieron momentos difíciles que ya hemos explicado antes, bajo el mandato personalista y dictatorial del militar, a quien el primero en combatir con todas sus fuerzas era precisamente Emiliano Zapata desde el sur, aun a riesgo de recibir toda clase de duras y feroces represalias por parte de las tropas del nuevo gobernante.

Desde su refugio estadounidense, Villa asistía a esa sucesión de acontecimientos en su país, sin llegar a intervenir. Pero los gobernadores de varios estados, entre ellos el de Coahuila, Venustiano Carranza, ignoraban como presidente del Gobierno al general Huerta, y fueron ellos los que firmaron el famoso Plan de Guadalupe, encaminado a derrocar al general de su puesto.

Zapata en ningún momento dejó de luchar contra Huerta, como antes lo hiciera contra Porfirio Díaz y después contra el propio Madero, por el incumplimiento de sus promesas. Puede decirse que Emiliano, siempre consecuente consigo mismo, siempre sin fiarse de la palabra o de las promesas de nadie, continuaba su propia batalla contra quienes no cumplían las normas que habían de devolver a su pueblo la paz y el bienestar deseados.

Por contra, Villa era un luchador ocasional, con altibajos, que se fiaba demasiado de las promesas ajenas, y excesivamente fiel a su amistad con Madero, al menos hasta 1913, en que decidió volver a la lucha armada y cruzar de nuevo la frontera hacia el sur, para unirse a los hombres leales al Plan de Guadalupe. Como en el norte no había un líder con el carisma de un Zapata, el único capaz de servir de revulsivo a las tropas rebeldes y erigirse en caudillo de todas ellas era el regresado Pancho Villa. Y él fue el elegido para ostentar la jefatura suprema de los combatientes del norte del país.

De ese modo, uno en un extremo del país y otro en el opuesto, lucharon a su modo y manera contra el enemigo común, en este caso el dictador Huerta, hombre aliado con la muerte, el asesinato y la injusticia como compañeras tenebrosas de su mandato.

Uno de los generales unido a los insurgentes fue Felipe Ángeles, buen amigo y consejero de Villa, quien consiguió hacer caer la ciudad de Zacatecas, bien defendida y mejor armada por las tropas de Huerta. Fue una batalla realmente terrible y sangrienta, que tuvo lugar en junio de 1914, y donde iba a quedar irremediablemente sellada, tras una larga lucha rebelde contra el dictador, la suerte de éste y de su Gobierno.

En Zacatecas, al final de la contienda, aquel 23 de junio en que cayó en manos de los revolucionarios, eran seis mil los soldados federales muertos por los insurgentes. Un golpe demasiado duro para que Huerta, ya tocado fatalmente por sus desastres en el sur, frente a las sufridas fuerzas de Zapata, pudiera resistir mucho más en el poder.

Efectivamente, poco tiempo después abandonaba su cargo y lograba escapar con vida, algo que otros muchos gobernantes de México no habían conseguido ni conseguirían. Villa triunfaba en el norte de forma clara. Zapata ya había triunfado para entonces en el sur, batiéndose como una fiera, y dando ejemplo de heroísmo y valor a todos sus hombres, que en todo momento supieron estar a la altura de tan valioso jefe.

Esos paralelismos en la lucha entre Villa y Zapata, uno en el norte y otro en el sur, parecía que iban a cristalizar en la victoria final de la Revolución. De hecho, todo lo daba a entender así cuando se decidió su encuentro en México capital.

Iba a ser el abrazo decisivo de los dos triunfadores de la revolución, la unión de los dos grandes líderes, el principio de una poderosa alianza entre dos caudillos invictos. Eso es lo que parecía. Otra cosa muy distinta fue lo que realmente ocurrió.

Y todo, ¿por qué?

Sencillamente, porque ambos eran demasiado diferentes entre sí, pese a sus numerosas afinidades. Puede decirse que los paralelismos evidentes entre ambos hombres parecían condenarles a entenderse y capitalizar la recién ganada lucha. Por otro lado, las radicales diferencias entre ambos eran las que iban a pasar factura en aquel trance, alejando más que aproximando a ambos caudillos.

Todo empezó muy bien, como vimos en su momento; pareció consolidarse con una serie de pactos y de promesas mutuas..., pero algo lo rompió todo como si fuese de cristal.

Por un lado, pesó sin duda el incumplimiento de promesas y la falta de formalidad de Villa en su parte del pacto. Por el otro, la indudable desconfianza y recelos del hermético luchador sureño, nada confiado en la constancia y rectitud de su interlocutor, llegado el momento de responder a la palabra dada.

Fuera como fuera, y en eso la historia no se ha puesto todavía de acuerdo, lo único cierto es que fueron sus diferencias y no sus paralelismos las que tuvieron la última palabra en aquel fatídico desacuerdo que iba a significar, en principio, el derrumbamiento de las ilusiones y esperanzas de todo un pueblo, puestas en aquella alianza. Y que iba a permitir a un hombre como Venustiano Carranza aprovecharse de la situación, hacer su propia política, alejarse de las ideas que había defendido hasta entonces con tanto ardor y volver a las andadas, obligando a que los rebeldes volvieran a la realidad, tras un paréntesis de felicidad demasiado corto, y que una vez más, Villa por un lado y Zapata por el otro, siguieran con su doble lucha, una lucha que, por falta de unidad, iba a terminar en desastre.

Capítulo III

— Emiliano Zapata, en la literatura y el cine —

L ITERARIAMENTE, todos los grandes líderes revolucionarios, todos los guerreros y luchadores por la libertad, han tenido su importancia indudable, puesto que su vida, su figura y su obra tienen sin duda un gran interés para el público, sobre todo cuando ha transcurrido un tiempo y la perspectiva de ese mismo tiempo transcurrido permite, al autor primero y al lector después, tratar de dirigir una mirada todo lo más desapasionada posible al objeto de su estudio.

Emiliano Zapata, como otros muchos, no puede ser una excepción en absoluto, pese a que su proximidad sea relativamente corta aún, ya que es un personaje de pleno siglo XX, y hemos de tener en cuenta que ese siglo acaba justamente de terminar.

Aun así, muchos piensan que es tiempo suficiente para, con una perspectiva imparcial, estudiar a aquel hombre, a aquel soldado, y tratar de analizar minuciosamente su personalidad, su temperamento, sus ideales, su obra, su vida... y su muerte.

Por ello no es extraño encontrar una bibliografía relativamente amplia sobre su figura, al margen de los relatos más o menos ficticios con que otros autores han tratado su persona, convirtiéndola en un héroe de novela, como puede haber ocurrido en los Estados Unidos, salvando las distancias, con personajes como Buffalo Bill, Jesse James o Billy el Niño.

En este caso no se trata de pergeñar relatos imaginarios ni aventuras ficticias sobre un héroe, porque Zapata no fue un aventurero, ni un salteador, ni un bandido, aunque sus detractores trataran de presentarlo así durante muchos años, en su afán de deteriorar su recuerdo y de combatir el mito en que se había convertido, pese a todos ellos.

Zapata fue simplemente lo que fue: un campesino convertido en luchador gracias a las circunstancias, y nada más. Un hombre que, pudiendo ser simplemente un campesino más y permanecer en el anonimato, tuvo que tomar las riendas de su pueblo y lanzarse a la lucha para intentar recuperar la libertad y la dignidad de ese mismo pueblo y, a la vez, de todos los suyos. Fue fiel a sí mismo en todo momento, no traicionó jamás sus ideales ni los de sus compañeros, y fue consecuente con todo hasta el mismo final de su agitada y corta vida.

Eso ha sido tratado a veces de un modo ligero y casi frívolo. Son pocos los escritores que han sabido ahondar en el tema con el debido respeto hacia su figura, limitándose a presentar a Emiliano tal como era, y nada más. A fin de cuentas, en ocasiones, la realidad es muy superior a cualquier ficción. Y en este caso no cabe la menor duda sobre ello.

John Womack trata su figura y la época que le tocó vivir con innegable acierto en su libro *Zapata y la Revolución mexicana*, del mismo modo que también lo hace Jesús Sotelo Inclán, uno de sus historiadores, en su obra *Raíz y razón de Zapata*, editada en 1970.

Con mucha anterioridad, tenemos la obra de los escritores Gildardo Magaña y Carlos Pérez Guerrero, con los cinco volúmenes de un trabajo mucho más amplio, editado entre los años 1934 y 1952, bajo el titulo de *Emiliano Zapata y el agrarismo en México*.

Antonio Díaz Soto publicaría dos obras en 1972, tituladas *La revolución agraria del sur* y *Emiliano Zapata su caudillo*.

E incluso el Premio Nobel mexicano, Octavio Paz Solórzano, se interesó por el tema, ya en 1936, aunque el libro se haya reeditado en 1976: *Zapata. Tres revolucionarios, tres testimonios*.

Hay otras muchas obras alusivas al revolucionario sureño, pero no tienen la misma importancia que las aludidas, ni posiblemente estén tan documentadas ni bien estructuradas como las que aquí se mencionan.

No hay duda que Pancho Villa también tiene su propia bibliografía, empezando por la obra de John Reed publicada en Nueva York en 1914, y en la que el periodista norteamericano se ocupa por un igual del caudillo norteño y de la propia Revolución. Otro norteamericano, Frederick Ratz, ha publicado así mismo un estudio muy detallado sobre este personaje en su obra *Biografía de Villa*, editada por la Universidad de Chicago.

Ambos personajes es evidente que tenían mucho de novelescos y de míticos para tentar a los autores a hablar de sus vidas, bien por la vertiente de la pura fábula, bien por la de la biografía fiel y minuciosa. La verdad es que, en ocasiones, resulta difícil separar un matiz de otro, y que lo real y lo imaginativo pueden confundirse con facilidad, porque sus biografías pueden ser cualquier cosa menos aburridas o vulgares.

Por ello la novela se ha alimentado también de la inspiración que a los escritores atraía lo suficiente para crear en torno de cualquiera de ellos sucesos de su propia imaginación que poco o nada tuvieran que ver con la realidad. Pero en muchos casos es evidente que la fantasía del novelador habrá quedado muy por debajo de lo que fue la realidad misma.

En cuanto a la cinematografía, ¿cómo no iba a verse tentada por figuras de la talla de Villa o de Zapata? Sus personalidades no eran de despreciar para los cineastas, que veían en sus vidas y hazañas un auténtico filón para atraer al público.

Sabemos que, por desgracia, no siempre el cine ha acertado ni la elección de sus héroes y menos aún en la versión filmada de la vida de éstos. Infidelidades históricas, caprichos de guionistas o de directores, han alterado y mistificado muchas biografías que hubieran tenido más interés humano y más intensidad amoldándose a los simples hechos verídicos que cambiando éstos a capricho pretendiendo dar mayor dramatismo a la obra.

Pero ése es y ha sido siempre uno de los grandes errores del cine, salvo contadas y honrosas excepciones. Hemos asistido a auténticos pastiches y burdas versiones de la vida de grandes hombres y de mujeres excepcionales, sin que a sus realizadores se les cayera la cara de vergüenza. Villa y Zapata corrían el riesgo, por una u otra causa, de ser las víctimas adecuadas para esa clase de torpes manejos industriales.

Hete aquí, sin embargo, que, al menos en ese sentido, ellos tuvieron suerte. Mucha suerte, podríamos decir, porque las películas dedicadas a su persona fueron de auténtica calidad y bastante próximas a la realidad pura y dura, con pequeñas salvedades que no tuvieron mayor importancia.

El que la figura de Pancho Villa fuera la primera elegida por Hollywood para rodar sobre ella un filme, no tiene nada de extraño, ya que el norte de México está mucho más cercano a los Estados Unidos que el sur de Zapata, y la cosa les quedaba más a mano para conocer al dedillo la popularidad y carisma del líder norteño que, por añadidura, tenía frecuentes contactos con los norteamericanos, no todos ellos precisamente amistosos.

Fuera como fuera, ya en 1914, en los albores del cine como industria próspera, el propio Villa firmaba un contrato por veinticinco mil dólares con la Mutual Film Corporation, para rodar en exclusiva para ellos las batallas que tuvieran lugar en territorio mexicano.

Villa era muy vanidoso —cosa que tampoco compartiría Zapata con él— y le encantaba la idea de ser famoso en cualquier medio. Como por entonces había una productora —la Mutual— rodando en Ciudad Juárez los avatares de la guerra, se aprovechó la ocasión para hacerle la oferta, que Villa aceptó de inmediato, con unas condiciones cuando menos curiosas y hasta divertidas, aun dentro del contexto dramático de una contienda como aquélla.

El líder revolucionario se comprometía mediante ese contrato a realizar sus batallas durante el día, para aprovechar la luz diurna en el rodaje de las mismas, y a simular combates en el caso de que lo filmado en vivo no reuniera la suficiente calidad técnica y fotográfica. También incluía una cláusula mediante la cual se prohibiría la entrada en los campos de lucha a cualquier cámara ajeno a la Mutual.

Esta productora llegó a diseñar un vistoso uniforme, que Villa solamente podría utilizar en los rodajes, pero nunca cuando estuvieran ausentes los operadores cinematográficos. El caudillo norteño se sentía feliz montado a caballo, sabiéndose objeto de la atención de aquellos artilugios que le pasaban al celuloide engrandeciendo su figura.

La cosa le resultó tan bien a la Mutual, que de la filmación real pasó a imaginar una nueva faceta para sus películas sobre Pancho Villa, y ello condujo a un proyecto para rodar un largometraje de ficción, que en principio se pensó dirigiría David Ward Griffith, que en ese momento era el director de cine más destacado de Hollywood, sobre todo por su película *El nacimiento de una nación*. Para hacer el papel de Villa fue elegido un joven actor llamado Raoul Walsh —que andando el tiempo sería uno de los más grandes y personales realizadores del cine norteamericano—, especializado en el *weshtern*, género al que dio los mejores títulos de la historia del cine.

Para la película se utilizaron también escenas reales de las batallas, e incluso se llegó al macabro extremo de ¡filmar los fusilamientos! Para ello, Villa aceptó a que las ejecuciones ante el paredón se llevaran a cabo a las siete de la mañana, en vez de a las cinco, como era costumbre, para que la filmación tuviera la luz suficiente. Se fusilaba a los enemigos ante las cámaras como si no pasara nada, como recuerda el propio Walsh en sus memorias, y se obtenían escenas realmente escalofriantes, aunque en conjunto la película resultara bastante floja.

Bajo el título de *La vida del general Villa,* la película se estrenó en el Teatro Lírico de Nueva York el 9 de mayo de 1914. A la filmación de auténticas escenas bélicas se habían añadido otras simuladas, se había escrito un guión truculento sobre la juventud de Villa y sus primeras correrías, para terminar convirtiendo a Villa en el triunfador definitivo de la revolución y llegar a ser el presidente de México.

Por entonces, curiosamente, eso hubiera sido lo que habrían deseado los políticos norteamericanos, ya que en esos momentos había una buena relación entre Villa y los vecinos del norte, cosa que poco tiempo después iba a cambiar de forma radical, hasta reclamar a Villa vivo o muerto desde el Gobierno de Wilson y retirar de las pantallas norteamericanas cualquier recuerdo de aquella película en que tan heroica y gloriosamente se presentaba al revolucionario.

Pero ahí no iba a terminar la relación de Villa con el cine, aunque ya eso sucedería años más tarde, y no iba a aparecer para nada la verdadera figura del guerrillero en pantalla, entre otras razones porque, para entonces, el interesado estaba bien muerto y enterrado.

Hollywood volvió a interesarse en 1934, veinte años después de aquella grotesca filmación, por la figura del disidente mexicano, y el elegido para encarnar al protagonista fue un actor entonces en plena fama, y cuya calidad de intérprete estaba fuera de toda duda. Ese hombre fue Wallace Beery.

Jack Conway era su director, y acompañaban a Beery en el reparto Fay Wray, Donald Cook, el «villano» habitual del cine de entonces; Joseph Schildkraut y otras figuras del momento. Aunque era una versión bastante libre de la vida del personaje, y muchas de sus secuencias nada tenían que ver con la vida del biografiado, aquel filme, titulado «¡Viva Villa!», resultó una excelente película y obtuvo un éxito muy grande en todos los países.

Como se ve, los norteamericanos sólo prestaban atención en sus películas al revolucionario del norte, y poca o ninguna al líder del sur. El zapatismo parecía ignorarse en los Estados Unidos, y su figura cumbre permanecía olvidada totalmente para los cineastas de Hollywood.

Tuvieron que transcurrir bastantes años para que alguien se acordara de Emiliano Zapata y decidiera llevarle a la pantalla. Y esta vez los resultados del empeño sí que iban a resultar redondos, porque la obra superó en calidad a todo cuanto de Villa se había hecho hasta entonces. Fue en 1952, y los cineastas que abordaron la empresa tuvieron ya su primer acierto al elegir al guionista de la historia, que fue nada menos que John Steinbeck, premio Nobel de Literatura.

Steinbeck supo captar el espíritu y el carácter de Zapata con sorprendente fidelidad. Su guión es un ejemplo de estudio del personaje y de observación de sus matices más peculiares y de su intensa psicología.

Además, el filme contó con un director de excepción para convertir en imágenes aquel guión, y ése era Elia Kazan, quien para escoger a «su» Zapata ideal no tuvo que buscar demasiado, porque ya lo tenía en mente desde que le encargaron la filmación de la obra. Sólo un año antes, Kazan había dirigido *Un tranvía llamado deseo,* según la obra teatral de Tennessee Williams, con un joven actor, por entonces poco conocido, llamado Marlon Brando. El éxito de la película, galardonada con varios Oscars, y el personal del propio actor en su papel, hacían que Elia Kazan no tuviera duda alguna en la elección del hombre que había de encarnar ante las cámaras al revolucionario sureño.

De nuevo Marlon Brando trabajó a las órdenes de Kazan para interpretar «¡Viva Zapata!», y los resultados fueron espectaculares. La interpretación fue modélica, realmente magnífica en cuanto a identificación del actor con el personaje. Su hermano lo interpretó a su vez otro joven actor, Anthony Queen, que obtuvo un Oscar por su labor en la película.

De «¡Viva Zapata!», además de su calidad cinematográfica, de su gran nivel interpretativo y de su magnífica dirección, quedará para siempre en el aficionado el recuerdo de aquella impresionante secuencia final en que se representa la emboscada y asesinato de Emiliano Zapata en la hacienda de Chinameca, cuya plasticidad e impresionismo cinematográfico valen por toda la película.

¿Y qué decir del propio cine mexicano? ¿No iban a rendir en su propio país a sus héroes de la Revolución un recuerdo cinematográfico adecuado?

Por supuesto que fue así, y en diversas ocasiones. Curiosamente, casi siempre fue elegido como protagonista el mismo actor, tal vez porque encajaba su físico a la perfección con el de un revolucionario de la época, tal vez porque siempre fue un buen actor y supo interpretar adecuadamente sus personajes, casi en todas las ocasiones recios y vigorosos. Nos estamos refiriendo, naturalmente, a Pedro Armendáriz, que más tarde sería lamentablemente desaprovechado por Hollywood.

Armendáriz interpretó a Pancho Villa al menos en dos ocasiones: una en 1939, que significó su debut en el cine, con el filme titulado «Con los dorados de Pancho Villa», y posteriormente en 1949, en «Villa vuelve», de Contreras Torres.

Pero aparte de esos filmes, Armendáriz fue un revolucionario de los pies a la cabeza en otras muchas películas, todas ellas rodadas en México, y todas por cierto de gran calidad y belleza. Una fue «Enamorada», en 1946, dirigida por Emilio «Indio» Fernández, junto a otro mito del cine mexicano y mundial, María Félix. Otro importante filme ambientado en la guerra mexicana fue «¡Viva la Revolución!», de Roberton Gavaldón, rodada en 1956, y también teniendo como pareja protagonista a María Félix.

También, en 1957, rodaría otra película de ambiente revolucionario, esta vez dirigido por I. Rodríguez, titulada «La cucaracha», alusiva a la canción del mismo nombre.

Pero, evidentemente, sería en «Enamorada» donde haría su mejor interpretación, realzada por una fotografía bellísima del cámara Gabriel Figueroa, a quien luego John Ford se llevaría a Hollywood para rodar con él.

Lo cierto es que el cine se ha ocupado mucho de la Revolución, como parace obvio, pero en realidad no demasiado de Emiliano Zapata, tal vez por la distancia física con los Estados Unidos, tal vez porque fue un personaje mucho menos espectacular y grandilocuente que Villa, aunque infinitamente más profundo y complejo.

El tema de la Revolución ha sido tratado a veces con una superficialidad muy propia de Hollywood, o como simple fondo ambiental para películas de aventuras o westerns mediocres. Pocos han sido, como hemos visto, los que han sabido darle hondura y trascendencia a lo que sin duda fue el momento más crucial y heroico de la historia mexicana del siglo XX. Y si se le busca al tema una cierta seriedad y solvencia, es preciso acudir al propio cine de México y no al norteamericano, con la honrosísima excepción, ya citada, de la película de Kazan protagonizada por Brando.

Para los guionistas norteamericanos, muchas veces, revolucionario y bandolero eran una misma cosa. Su forma plana de ver la realidad y de analizar los acontecimientos que les son ajenos tiene la culpa de esa simplista y absurda visión de las cosas. Tal vez les influenciara el hecho de que Villa, el personaje a quien más conocieron, hubiera sido ambas cosas en su vida.

Pero resulta doloroso que la incomprensión de lo evidente llegue hasta el punto de confundir tanto las cosas. La revolución fue violenta y terrible, se destruyó y se mató por ambos bandos, como ocurre siempre; los fusilamientos fueron numerosos por un lado y por otro, pero sus personajes, los revolucionarios, no tuvieron nunca nada de bandidos. Fueron luchadores, héroes de una causa, ya fueran los guerrilleros de Villa, ya los campesinos de Zapata. Y eso es lo que pocas películas han sabido diferenciar.

Es una lástima que la figura de Zapata no haya sido tratada más veces por el cine, como merecía. Menos mal que, para una vez que la tocaron, y pese a ser en una industria tan poco fiable como la de Hollywood en cuanto a reflejo de la verdad, el acierto sonrió a sus artífices, desde el guionista hasta los actores.

Es lo menos que merecía una figura de su talla, a la que tal vez algún día vuelvan sus ojos los realizadores norteamericanos, tan faltos de ideas nuevas en la actualidad.

Capítulo IV

— Posrevolución —

TODO tiene un antes y un después. Hemos analizado en diversos lugares de esta obra toda la serie de acontecimientos previos al estallido de la Revolución y a la sucesión de situaciones previas al momento en que todo saltó por los aires. Hemos visto a las personas y a los hechos que condujeron inevitablemente a ese estado de cosas, bien por errores, por desidia o por incapacidad.

Pero ¿y después?

¿Qué pasó luego, cuando la Revolución terminó de forma definitiva, tras el último coletazo de rebeldía de los campesinos zapatistas y la consiguiente muerte alevosa de su líder, en la emboscada de Chinameca?

¿Tuvo algún efecto beneficioso para el país toda aquella sangre derramada, todos aquellos destrozos, todos aquellos años de lucha y de muerte y exterminio? ¿Valió la pena realmente que todo eso sucediera, para conseguir un mundo mejor y más justo para aquellos que no podían disfrutar de él?

Creo que vale la pena analizar ese aspecto de la cuestión, ahora que hemos terminado de ser cronistas de los sucesos que conmovieron al país desde 1909 hasta 1919, en diez largos años de lucha sin cuartel.

Bien es cierto que la Revolución, como tal, había empezado a diluirse y agonizar mucho antes de la fecha en que Zapata, con su muerte, selló el final de todo conato de resistencia en el sur. Ya con la Constitución de 1917 la revuelta comienza a ser algo condenado al fracaso. Solamente la obstinación de los campesinos y del propio Zapata por seguir luchando por sus reivindicaciones agrarias, olvidadas, eso sí, por Carranza cuando llega al poder, hace que los últimos coletazos de la rebelión sigan produciéndose, y ello certifique fatalmente la perdición de Emiliano, que tan molesto era ya para un gobierno que había logrado deshacerse de la pesadilla del norte, al terminar la rebelión de Villa contra el poder.

Ya sabemos que su verdugo no le sobrevivió demasiado tiempo, y se cumplió aquel viejo adagio de que «quien a hierro mata, a hierro muere». Carranza dispuso la muerte violenta de Zapata, planeó su asesinato fríamente, y él mismo, cuando fue depuesto de su cargo en el siguiente año, por la rebelión de sus propios jefes militares, fue a caer asesinado igualmente, en Tlaxcalaltongo.

Le sucedió Adolfo de la Huerta, que, no teniendo ya por adversario a un hombre como Zapata, resolvió dialogar con los demás descontentos para alcanzar la ansiada paz definitiva.

El 28 de julio de 1920, con el general Eugenio Martínez como intermediario, logró que Villa dejara definitivamente las armas, comprendiendo que la revolución no tenía sentido, y menos ahora que su colega del sur había muerto.

Una frase lapidaria de Villa subrayaba ante los periodistas el hecho de que toda clase de hostilidades se daban por terminadas:

—Pueden ustedes decir que ya acabó la guerra; que ahora andamos unidos las gentes honradas y los bandidos.

La frase se puede coger por donde se quiera, pero es textualmente lo que él dijo. Adolfo de la Huerta era un presidente interino, tras morir Carranza, por lo que se convocaron elecciones generales, que ganó Álvaro Obregón.

El nuevo presidente de la República supo aprender de los errores ajenos pasados, y su primera preocupación fue la de reformar la política agraria y prestar mayor apoyo a la clase obrera. Al mismo tiempo, celebró los llamados «convenios de Bucarelli», mediante 1os cuales se comprometía a no dañar los intereses norteamericanos en el país, con una aplicación retroactiva de la Constitución actual, que era la del 17, pero cumplida en todos sus puntos, y no como hiciera Carranza, anulando o derogando apartados a su gusto.

En 1928, sería reelegido Obregón, aunque de modo polémico, y la eterna historia de los tiempos turbulentos se repetiría. En San Ángel, en 1928, sería asesinado por enemigos no demasiado claros, aunque todo apunta a que los intereses petroleros norteamericanos no anduvieron lejos de lo sucedido, ya que había estado enfrentado a esas empresas extranjeras durante tres largos años, e incluso el enfrentamiento alcanzó a las relaciones con el Gobierno de los Estados Unidos.

Como se ve, no todo era paz ni sosiego en el México posrevolucionario, ya que la lucha de intereses diversos se cruzaba siempre en el camino de quienes pretendían gobernar haciendo borrón y cuenta nueva de un pasado violento y difícil.

Plutarco Elías Calles fue el sucesor de Obregón ahora, el cual desempeñó una política de afirmación revolucionaria, incluyendo el reparto de tierras por el que tanto lucharan Zapata y su gente años atrás. Por fin parecía que los poderes públicos escuchaban las demandas justas de los más humildes, pero, como no hay bien que cien años dure, también Calles echó el freno a su política social y detuvo ese reparto, dedicándose a controlar, a través de Luis N. Morones, a la clase obrera de su país. Esto, naturalmente, no gustó nada a los que tanto habían esperado de los nuevos gobiernos.

Por entonces se hizo público que a Obregón le había asesinado en realidad un fanático religioso, pero las cosas distaron mucho de estar tan claras como oficialmente se decía, y la gente tenía su propio criterio sobre lo sucedido.

De todos modos, sí era cierto que había un descontento de tipo religioso en diversas regiones del país, y que en 1926 los católicos de le región del Bajío se levantaron contra el Gobierno, y la Liga Defensora de la Libertad Religiosa protestaba contra los artículos 3, 27 y 10 de la Constitución. El general Enrique Goroztieta dirigía la que era llamada ya «la sublevación de los cristeros». En esa campaña, el general resultó muerto, y el Gobierno se avino entonces a entrar en tratos con el episcopado. El obispo Pascual Díaz se reunía con representantes del Gobierno para llegar a un acuerdo pacífico, aunque los miembros de la Liga se oponían a cualquier clase de componenda o arreglo.

De todos modos, en 1928, el entonces presidente interino Emilio Portes Gil lograba concretar un acuerdo definitivo con los religiosos, y la cosa se calmaba.

Mientras las cuestiones políticas del país iban de ese modo, ¿qué sucedía entre tanto con el único líder revolucionario que había sobrevivido a la contienda y alcanzado un acuerdo amistoso con las autoridades para retirarse de toda lucha armada?

Ese hombre, naturalmente, era Pancho Villa, retirado a su finca de Canutillo, en el estado de Durango. Tras el armisticio firmado, Villa se dedicó a rehacer aquella hacienda que encontró en lamentables condiciones, volviendo a convertirla en una tierra productiva, próspera y bien cuidada.

Vivía al fin en paz, pero aquello no iba demasiado con él ni con su carácter. Tal vez por eso, y a pesar de la dura tarea cotidiana en los campos, y de llevar personalmente las cuentas de todo, el ex guerrillero se aburría. Aquella forma sedentaria de vivir no estaba hecha para él, y quizá por eso empezó a fumar y a beber, cosa insólita en él. Se aficionó al anís, hasta alcoholizarse y convertirse en un hombre huraño y mal encarado, capaz de explosiones de cólera incluso con las mujeres.

Se tornó celoso e iracundo, y en el fondo empezó a desconfiar de todo lo que le rodeaba, teniendo el presentimiento de que algo andaba mal y de que alguna clase de peligro desconocido le rondaba.

Lo que parecían ser simples manías de persona demasiado dada al alcohol tras una vida abstemia, no lo eran tanto. Algo ocurría, ciertamente, aunque Villa no fuese ya el de antes, no se enfrentara a nadie ni significara peligro para persona alguna.

Había gente dispuesta a matarle. No se sabe a ciencia cierta quién, pero la había. Y él lo había intuido, con aquella especial sensibilidad que siempre tuvo para presentir los peligros.

No parece que hubiera en ese momento motivo ni interés alguno en acabar con su vida. En aquella finca, lejos de toda actividad armada, Villa parecía inofensivo como un corderito. Pero él sentía que le vigilaban. Su aprensión llegó al punto de no querer moverse solo, y llevar siempre consigo una escolta armada.

Sus temores eran bien ciertos. A inicios de 1923, solamente tres años después de su retirada, y cuatro de la muerte de su colega Zapata, un grupo de asesinos preparaba la muerte de Villa, por orden de alguien cuya identidad y motivos nunca estuvieron claros para nadie. ¿Enemigos personales suyos? ¿Alguna vieja venganza? ¿Interés norteamericano en acabar con el único mito viviente de México? Todas esas posibilidades han sido manejadas. Todas son posibles, pero ninguna ha sido lo suficientemente probada.

Lo cierto es que un grupo de asesinos a sueldo, exactamente dieciséis, ocuparon por entonces una casa en la ciudad de Parral, frente a la que Villa tenía que pasar forzosamente siempre que entraba o salía de la población. Durante varios meses, los misteriosos conspiradores aguardaron pacientemente el momento oportuno para actuar.

El día 18 de junio parece que es el momento adecuado. Todo está preparado en la casa para llevar a cabo el asesinato. Villa ha sido detectado, está a punto de pasar por allí, y las armas se preparan para el ataque.

Pero en esa ocasión, el azar jugó a favor del ex revolucionario. De una escuela inmediata, salió en ese momento un grupo de niños que se cruzó entre los asesinos y Villa, frustrando de ese modo la ocasión. Villa salió indemne de ese intento, gracias a una jugarreta del destino.

Pero su buena fortuna no iba a durar mucho. Solamente dos días después, la ocasión para los criminales se presentó propicia.

En un automóvil que el propio Villa conducía, se dirigía éste a Parral, acompañado por cinco escoltas armados. Un hombre, apostado por los conspiradores en el lugar adecuado desde donde dominar todo el campo visual, avisó a los que se ocultaban en la casa de la aproximación del coche de Villa.

Al pasar el coche a unos sesenta metros de la casa, sus ocupantes empezaron a disparar sus armas. El vehículo se estrelló contra un árbol, con sus ocupantes acribillados a balazos. Aun así, uno de los asesinos abandonó la casa y, para asegurarse, se aproximó al coche y descerrajó al moribundo Villa el tiro de gracia. Allí quedó el que fuera arrogante jefe de los revolucionarios del norte, el hombre mítico que compartiera con Zapata la gloria del triunfo en su día, con la mano a punto de sacar la pistola de su funda, cosa que no llegó a conseguir.

De ese modo desaparecía el último caudillo de una época heroica, el último héroe de una revolución que había acabado por devorar, como siempre, a todos sus hijos.

Nunca se supo quiénes fueron los asesinos ni cuáles sus móviles. La gente lloró a Villa, las exequias que se celebraron fueron solemnes, aunque sin llegar a la explosión popular que significó en su momento las de Zapata. Y el misterio sigue existiendo en torno al tema.

Pero ni en la fosa iban a dejar en paz al líder norteño. Tres años después de su asesinato, su tumba apareció violada. Su cráneo no estaba allí. Y aunque tiempo después uno de los que cometieron el sacrílego delito confesó su papel en el hecho y culpó de ello al general Francisco Durazo, la verdad es que tampoco este nuevo hecho tiene una explicación clara en cuanto a motivaciones.

Lo cierto es que hubo un trágico paralelismo entre la muerte de Villa y la de Zapata. Ambos fueron víctimas de una traicionera emboscada. Ambos fueron sorprendidos sin tiempo para defenderse y luchar por sus vidas. Y ambos murieron bajo una verdadera lluvia de balas, como si sus asesinos temieran que una sola bala no pudiera terminar con ninguno de los dos.

Es la última y definitiva semejanza entre los dos caudillos de la Revolución. Ellos, que voluntariamente se separaron en vida, rompiendo así cualquier esperanza de victoria definitiva de su causa, se unieron en la muerte, aun a su pesar, y aunque las circunstancias fueran muy distintas. Mientras Villa moría cuando gozaba de la paz de un tranquilo retiro, Zapata había muerto en plena lucha, cuando todavía pensaba en derrotar a sus enemigos en el campo de batalla.

La paz no parecía posible en el ansiado período posrevolucionario. Tal vez se habían sembrado en el país demasiadas diferencias y antagonismos como para que la cosecha fuera mejor y más tranquila. Inevitablemente, los tiempos siguientes al final de la contienda no podían ser tan serenos ni calmados como muchos soñaran. Ni en los medios políticos, ni en los rurales como aquella hacienda en la que un ex luchador pensara pasar apaciblemente los últimos años de su vida, y adonde llegó, inexorable, la violencia que él mismo había protagonizado durante tantos años de su vida.

Pero al menos en México las cosas parecían irse remansando poco a poco, y Plutarco Elías Calles lograba ejercer su personal control sobre presidentes como Portes Gil, Ortiz Rubio o Abelardo Rodríguez, entre 1929 y 1934. La política de Calles fue la de impulsar nuevamente, y de forma definitiva, la política agraria, renovar la administración de justicia y dar total autonomía a la Universidad Nacional. Toda una serie de medidas encaminadas, sin duda, a modernizar el país y evitar nuevas diferencias sociales e injusticias entre las diversas clases.

A medida que transcurría el tiempo, los sucesivos gobiernos fueron llevando a cabo una política bastante más conservadora, pese a las fuertes presiones de organismos como la Liga de Comunidades Agrarias y de algunos políticos como Adalberto Tejada, que presionaban de forma radical a los gobernantes para que cumplieran sus promesas y compromisos.

Emilio Portes Gil, presidente de la República entre 1928 y 1930, tuvo que enfrentarse a la sublevación militarista en el norte del país, encabezada por González Escobar, y que tras breves enfrentamientos, aunque de mucha intensidad todos ellos, acabaron por abortar las fuerzas gubernamentales.

Eran coletazos de protesta unas veces, de ambiciones políticas otros, pero lo cierto es que la esperada paz definitiva no acababa de llegar, pese a los innegables logros que campesinos y obreros iban alcanzando progresivamente, aunque a veces se encontraran con frenos y obstáculos más o menos duros de salvar.

No sería hasta 1934, bastantes años después de terminada la revolución; no se logró, sin embargo, normalizar del todo la situación y aproximarse de verdad a los auténticos problemas aún latentes en el fondo y que podían derivar en cualquier momento en otra revuelta social de impensables consecuencias.

Entonces fue elegido presidente Lázaro Cárdenas, que ocuparía el cargo hasta 1940, y el cual reorganizó el partido actualmente en el poder, el PNR, instituido en 1929, época en la que el entonces hombre fuerte de México, Elías Calles, fue declarado jefe máximo de la revolución social y estableció el llamado Partido Nacional Revolucionario, que no era sino una confederación de líderes regionales, unificados por la ideología implícita en la Constitución del 17.

Lázaro Cárdenas estableció, mediante su plan sexenal, la educación socialista, el impulso del tejido colectivo y varios otros puntos revolucionarios.

Logró deshacerse de la tutela política de Calles, a quien expulsó del partido en 1936. Justo a partir de ese momento es cuando pudo desarrollar sin problemas una acción de apoyo total a obreros y campesinos como él pretendía.

Repartió tierras de primera calidad en la región de La Laguna, y también en el sur, donde sabía que mayor era ese problema desde tiempos de Zapata. Así mismo, no dudó en propiciar huelgas importantes y decisivas, como las de los petroleros contra las grandes compañías norteamericanas, británicas y holandesas, que eran las que en realidad controlaban en su casi totalidad la explotación de los hidrocarburos nacionales. Las huelgas desembocarían en la intervención del propio Gobierno a favor de los habitantes del país y despojando de sus enormes privilegios a aquellos gigantes de la industria que explotaban los bienes naturales de México.

Puede decirse, por tanto, que ya entonces empezaban a dar frutos los viejos sueños revolucionarios de aquel puñado de hombres desesperados y audaces que, contra viento y marea, en tiempos en los que los gobernantes no eran tan próximos socialmente a ellos, se atrevieron a alzarse en armas contra lo establecido, en busca de una paz y una justicia que sus hijos o sus nietos llegarían a conocer, en gran parte gracias a su propio sacrificio.

Zapata se hubiera sentido muy feliz, de haber vivido para verlo, que su querida y entrañable gente del sur recibía al fin el regalo bendito de la tierra que trabajaba, y que las cadenas del hacendado poderoso eran rotas de un modo definitivo, para dar paso a un nuevo orden social basado en el respeto a todos.

Por desgracia, ni él ni Villa vivieron para ser testigos de todo aquello por lo que, cada uno a su manera, habían luchado durante años enteros de dura entrega. Los zapatistas, que seguían existiendo en las regiones sureñas, acogieron el nuevo orden social con un recuerdo cariñoso y emocionado al primer hombre que les había prometido esas cosas y había dado su vida por ellas. Todos sabían, en el fondo de su ser, que, aunque los nuevos gobernantes lucieran ese renovado talante, tal vez nada de todo esto hubiera llegado a ser posible sin sembrarlo primero con la propia sangre de los que lucharon por alcanzarlo.

Pensaban, y no sin razón tal vez, que todos estos logros del presente hubieran sido impensables de no existir previamente la Revolución que impulsó al cambio a lo largo de los años, lenta pero paulatinamente. Ellos, los olvidados, eran recordados ahora porque un hombre excepcional había hecho que los recordaran incluso muy lejos del lugar donde pasaban sus penurias.

Sí, sabían que era Zapata el primer artífice del milagro. Y Zapata aún vivía en su recuerdo, porque el recuerdo de los que dejan una huella profunda en la vida de los demás nunca puede morir.

Zapata fue un día hombre, un día guerrero, un día caudillo, y un día mártir y mito. Ahora, Zapata era recuerdo solamente. Pero un recuerdo vivo que nunca iba a morir, y menos para su gente, por la que vivió y por la que murió.

EPÍLOGO

— PUNTO FINAL —

HEMOS llegado al fin de la historia. Ahora sabemos bien quién fue Emiliano Zapata, lo que fue su época y lo que significó la Revolución. Es justamente lo que hemos pretendido a lo largo de esta obra. Hemos viajado en el tiempo, a través de unos años tormentosos y difíciles, de la mano de los hombres de duro temple que hicieron posible la Revolución, su éxito momentáneo y su fracaso final.

Lo que no se consiguió con las armas en la mano, al menos se dejó algo maduro para que, con el paso de los años, aquella semilla diera sus frutos algún día, como ha ocurrido. Cierto que nunca se recorre del todo el camino, y que en todas partes sigue habiendo injusticias y desigualdades que, o no se repararon, o fueron reparadas de manera imperfecta y volvieron a emerger. Pero hay que reconocer que el México que hizo alzarse en armas a Madero, a Villa, a Zapata, a Carranza, no es el que era, gracias a los afanes y sacrificios de muchos que lucharon por cambiar las cosas.

Al margen de los propios logros sociales, la gente ha ganado en propia estima a lo largo de los años y ha aprendido que nunca es demasiado fácil conseguir lo que uno se propone. Los gobiernos, escarmentados ante las explosiones de la ira popular, han reflexionado también, y se han vuelto más abiertos y democráticos. Son cosas que se dice que ocurren porque los tiempos cambian y los modos también. Pero hay que tener en cuenta que esos cambios los propicia el propio ser humano, y que sin el esfuerzo de todos y cada uno difícilmente se va a avanzar en la forma debida.

Hemos intentado ver las cosas desde un punto de vista objetivo, sin eludir las luces y las sombras de cada uno de los personajes que han desfilado por esta obra. Hemos hecho mención de las grandes virtudes de Emiliano Zapata, así como de sus defectos. Hemos tratado de describir sus aciertos y sus errores. Del mismo modo hemos intentado hacerlo con Villa, e incluso con otros personajes menos diáfanos, como el revolucionario Madero, con sus paradojas y contradicciones; como con el complejo Carranza, mesiánico en ocasiones, moderado unas veces, autoritario en otras, colaborador de la Revolución en determinado momento y enemigo de los revolucionarios en otro. Incluso un personaje tan oscuro y poco atractivo psicológicamente como el general Victoriano Huerta, autoritario y dictador implacable, ha sido tratado en general con respeto, pese a la escasa simpatía que su comportamiento pueda despertar.

Todos ellos, como seres humanos que fueron, tuvieron sus debilidades, y así se ha pretendido explicar, sin cargar las tintas en uno u otro sentido.

Tal vez hayamos hecho más hincapié en la persona de Emiliano Zapata, porque a fin de cuentas es el protagonista de este relato y al que había que seguir más de cerca. Además, él encarnó muchos de los motivos mismos de la propia Revolución, y hasta hay quien afirma que, al margen incluso de Villa, él fue la Revolución.

Posiblemente haya una gran parte de razón en ese aseveramiento, porque nadie como Zapata encarna los ideales, los impulsos y las razones mismas del movimiento revolucionario mexicano. Un movimiento que fue en el fondo mucho más complejo de lo que pueda parecer a primera vista, lleno de connotaciones nunca del todo aclaradas en algunos puntos.

Tenemos, por ejemplo, la relación entre revolucionarios y religiosos. Es un punto que ha sido siempre poco o nada difundido. Y no creo que hayamos hablado de ello a lo largo de este relato de los acontecimientos.

¿Qué relación existió entre la Iglesia y la Revolución?

Es una pregunta complicada, que tiene una respuesta muy difícil. Porque, aunque hubo muchos rebeldes, sobre todo entre los zapatistas, que eran muy creyentes y apegados a sus creencias, lo cierto es que no siempre los religiosos fueron bien vistos por determinadas facciones revolucionarias.

Mientras en algunos puntos del país las iglesias eran cobijo de rebeldes, y los curas apoyaban a los insurgentes, protegiéndoles de las iras de los federales, en otros la cosa distaba mucho de ser así, y los religiosos eran perseguidos encarnizadamente, porque se pensaba que eran traidores a la revolución y se alineaban junto a los poderosos. No vamos a negar que eso, en muchas ocasiones, había sido así, pero no siempre. Había curas que apoyaban aquella rebelión armada, sacerdotes que estaban como hermanos al lado del desheredado y el humilde. Pero en ocasiones pagaban justos por pecadores.

En otro apartado de este libro se menciona la relación de Zapata y Villa con la cinematografía y la literatura, con lo que aludimos implícitamente a la propia Revolución. Y, sin embargo, no hemos mencionado, tal vez porque se trate de pura ficción literaria, aunque inspirada lamentablemente en la realidad, la gran novela de Graham Greene, *El poder y la gloria*, donde se cuenta la historia de un sacerdote que se ve obligado a ocultar su condición de tal para huir a las represalias de un despiadado jefe revolucionario enemigo de la Iglesia.

Esta novela fue llevada al cine, precisamente en los Estados Unidos, con John Ford como director nada menos, y con un reparto de lujo, a tono con la categoría de la obra: Henry Fonda, como el sacerdote perseguido; Pedro Armendáriz, como el revolucionario enemigo, y Dolores del Río, otra gran figura del cine mexicano, como protectora del sacerdote en peligro. El título de la película es «El fugitivo» y es una verdadera obra maestra, con la inestimable colaboración de Gabriel Figueroa, que logró una fotografía impresionante.

De modo que muchos aspectos de la Revolución se prestan a diferentes interpretaciones, sin que unas sean más o menos ciertas que las otras. Todo depende del lugar, el momento o la persona con quien uno se tope. Hubo, como en todo, revolucionarios nobles y generosos, junto a otros crueles y despiadados. Eran hombres, después de todo, y cada uno de ellos respondía a sus propios instintos.

Sin embargo, el que a nosotros nos interesa y nos ha interesado a lo largo de todo este libro, que es Emiliano Zapata, nunca tuvo enemistades concretas ni albergó odio o resentimiento injustificado hacia nadie. Él no era un creyente acérrimo ni un descreído total. Se centraba más en pensar en el prójimo que en Dios, posiblemente, y con eso no creía ofender a nadie, ni siquiera al propio Dios, ya que pensaba antes en los demás que en sí mismo, y si hubiera querido vivir al margen de problemas, le hubiera sido sin duda posible, sólo con desligarse un poco de los conflictos que afectaban a sus vecinos y amigos.

Un hombre así, por tanto, no podía tener problemas con Dios, ya que cumplía, aunque acaso sin darse siquiera cuenta de ello, con uno de los más bellos preceptos enunciados en boca de Jesús: «Amaos los unos a los otros.»

Zapata amó a los suyos, a todos los suyos. Por ellos arriesgó mil veces su vida. Tanto, que acabó empecinado en su propia obsesión por resolver toda clase de problemas, y eso le llevó a que, llegado el momento oportuno, cometiera el gran error de no aceptarlo así y retirarse a tiempo.

En vez de inclinar la cabeza y dar por buena la nueva Constitución del 17, que iba a ser la definitiva hasta el día de hoy, entregando las armas y volviendo a las faenas del campo, optó por seguir luchando, convencido de que todo aquello no era sino un modo más de enmascarar un nuevo engaño para los campesinos.

Se equivocó, de eso no hay duda. Como se equivocó trágicamente el día que confió en Guajardo e hizo oídos sordos a los recelos y advertencias de sus más leales colaboradores, yendo a caer de cabeza en la ignominiosa y cobarde trampa urdida contra él por el ejército de Carranza.

Fueron las debilidades de Zapata, algunas de ellas al menos, pero que iban a marcar su destino futuro inexorablemente. Hay que admitirlo así, y aceptar que el gran hombre, el mítico luchador, era a fin de cuentas humano y, como cualquier otro, podía equivocarse.

Pero si lo hizo, tal vez fue porque se creía elegido para devolver a sus gentes todo lo que se les había arrebatado de mala manera años atrás. Fue víctima de su propia generosidad para con los otros, los que todo lo esperaban de él, de su amado y admirado «general Zapata», como le llamaban cariñosamente.

Su muerte fue el punto y final de su propia lucha y de sus aspiraciones. Pero no el de su pueblo, que acabó consiguiendo lo que él se proponía, gracias en gran parte a su esfuerzo y tesón.

Por eso su muerte, en cierto modo, es solamente un punto y aparte.

A partir de ahí, termina nuestra historia y empieza la del México posrevolucionario, que ya hemos apuntado previamente.

Pero ésa, como diría Kipling, es otra historia.

Conclusión

HEMOS visto, a través de su biografía detallada, minuciosa en ocasiones, quién era y cómo era Emiliano Zapata, el caudillo revolucionario del sur. Hemos seguido paso a paso, a veces paralelamente con su colega norteño Pancho Villa, la lucha de la Revolución contra el poder establecido, desde Porfirio Díaz hasta Carranza, pasando por Madero o el general Huerta.

A través de todo ello, sin duda, hemos podido dar un vistazo general al México de aquellos días turbulentos, a la historia misma de la Revolución, que es en gran parte la historia del propio Zapata, porque es obvio que con él murió ese movimiento rebelde de modo casi definitivo.

Pero, sobre todo, hemos intentado ahondar en la personalidad misma de Zapata, cosa nada fácil dado su modo de ser, hermético y desconfiado, receloso e introvertido. Fue, sin duda, un hombre admirable por muchos conceptos, aunque como ser humano tuviera también sus debilidades y su lado oscuro. Él nunca pretendió ser otra persona que la que era, no tenía dobleces y no gustaba de la mentira ni de la traición, cosa que le enaltece. No aspiró a ejercer poder alguno, no tuvo ambiciones políticas y no deseó sino ser quien era, el hombre protector de los que eran como él, campesinos y desheredados de la fortuna.

Luchó contra la explotación, la represión, el expolio y la injusticia. Intentó en todo momento ser fiel a sí mismo y a los demás, y supo resistir todas las tentaciones que se cruzaron en su camino y seguir siempre recto, para bien o para mal.

Hombre de mirada penetrante, de gesto serio, casi hosco, de expresión a veces amarga, a veces reconcentrada, casi nunca jovial ni sonriente, tal vez porque su infancia y su adolescencia no fueron en absoluto amables con él, y fueron muchas las injusticias que vivió en sus carnes y en las ajenas, Zapata no tuvo obstáculo alguno, en ese aire suyo, tan serio y ceñudo, para llegar al corazón de sus correligionarios y del pueblo en general, sobre todo el campesinado, del que se convertiría en líder indiscutible.

Su vida fue una sucesión constante de acontecimientos difíciles y violentos. Su muerte estuvo acorde con todo eso, aunque fuese conducido a ella por un comportamiento impropio de él, y que rompe todos los posibles esquemas con los que uno pretende estructurar su carácter y su perfil psicológico.

Tal vez es porque no sea tan sencillo retratar del todo a nadie, ni ahondar en su psicología hasta el ultimo rincón, y porque todo ser humano tiene cambios impredecibles y debilidades nunca imaginadas.

Probablemente ni el propio Zapata llegó a pensar nunca que su recuerdo y su imagen sobrevivirían al tiempo, y que casi noventa años después de su muerte su recuerdo estaría tan vivo como si hiciera pocos meses de su muerte. Es más, las leyendas y los mitos agrandan su imagen con el transcurso del tiempo, y eso le ha sucedido a él.

Su espíritu, a lomos de su caballo, cabalga por las tierras de México ahora como entonces. Los oprimidos recurren a él cuando se ven acosados o maltratados.

¿No es eso seguir vivo? ¿No significa todo eso que Emiliano Zapata, pese a todo, no ha muerto?

Vive en el corazón de los que siguen amándole y confiando en él. Eso ya es algo.

No. Eso ya es mucho.

Porque, en realidad, pocas personas pueden envanecerse de permanecer tanto tiempo en el recuerdo de las gentes, cuando ya ha pasado casi un siglo de todo aquello y las cosas se difuminan por fuerza en la distancia.

Queda, ciertamente, el Zapata luchador, el líder guerrero, el caudillo revolucionario, por lo que era y significó en su momento para las aspiraciones de todo un pueblo. Pero es posible que también quede mucho del otro Zapata, del «Miliano» sencillo y humilde, del hombre en suma, al margen de su valía militar, de su aureola heroica y de su capacidad de combatiente. Al margen de la grandeza del héroe popular, estuvo siempre el campesino entrañable, el hombre del pueblo al que no dejaron ser el que era, y al que las circunstancias convirtieron, aun a su pesar, en lo que luego iba a ser: Emiliano Zapata, el protector de los humildes, el soldado de la Revolución, el enemigo mortal de los caciques, los explotadores y los gobiernos autoritarios y corruptos.

Aquel niño al que le gustaba, ya desde muy pequeño, vestir pantalones charros y no el calzón de las clases desfavorecidas, merece también un sitio en la Historia y en el recuerdo. Porque simbolizaba, como tantos otros niños de su tiempo, a los pequeños sin posible educación, a los que tenían que trabajar el campo y ayudar en la casa, sin tiempo para el estudio.

Él hubiera querido ser el niño que se esforzó en crear cuando tuvo ocasión de ello: el niño que va al colegio, que come decentemente, que viste con dignidad y que es tratado con cariño y respeto, y que el día de mañana puede ser un hombre útil a su comunidad. Por eso creó escuelas y dictó leyes para que los niños de Morelos fuesen a clase y recibieran la enseñanza adecuada. Quiso darles todo lo que él no tuvo.

Ese comportamiento también merece ser recordado al evocar su figura. No resultará tan espectacular como sus victorias en el campo de batalla o sus enfrentamientos temerarios contra los diferentes gobiernos que le defraudaban, pero posee un contenido social y humano digno de alabanza. Por eso lo traemos aquí a colación, ya que sería injusto relacionar a Zapata solamente con las armas y la lucha.

Él ambicionaba otra clase de armas y de lucha, como eran las de la cultura y la del progreso social y económico. Por todo ello tuvo que empuñar esas otras armas y enfrentarse a sus enemigos. Por todo ello vivió y murió.

De modo que lo mejor que puede decirse de él, como conclusión al recorrido biográfico por su existencia y sus actos, es que, además de un gran caudillo revolucionario, además de simbolizar tantas cosas para los que luchan por combatir la injusticia, Emiliano Zapata fue también un hombre de firmes convicciones y con visión de futuro en lo social y en lo económico. Sabía que un pueblo sometido y empobrecido difícilmente puede llegar a alguna parte. Y que la base real de todo progreso y de toda prosperidad está en la educación de la infancia y en las oportunidades para los adultos.

Las profundas diferencias sociales de su tiempo no podían en modo alguno ser la semilla de una sociedad justa y progresista. Y él lo sabía, porque lo vivió en sus propias carnes.

Intentó mejorar su mundo y su gente. No llegó a conseguirlo del todo, pero su esfuerzo no fue en vano. Muchos de los logros actuales tal vez se deban a hombres como él.

Y eso sí que es mucho. Eso sí que enaltece de verdad la mítica figura de un hombre llamado Emiliano Zapata.

ÍNDICE

Tercera parte
Zapata, el recuerdo

TÍTULOS PUBLICADOS EN ESTA COLECCIÓN

EMILIANO ZAPATA
Juan Gallardo Muñoz

PANCHO VILLA
Juan Gallardo Muñoz

BENITO JUÁREZ
Juan Gallardo Muñoz

EMILIANO ZAPATA
Juan Gallardo Muñoz

EMILIANO ZAPATA
Juan Gallardo Muñoz

EMILIANO ZAPATA
Juan Gallardo Muñoz

EMILIANO ZAPATA
Juan Gallardo Muñoz

EMILIANO ZAPATA
Juan Gallardo Muñoz

TÍTULOS EN PREPARACIÓN

EMILIANO ZAPATA
Juan Gallardo Muñoz

PANCHO VILLA
Juan Gallardo Muñoz

BENITO JUÁREZ
Juan Gallardo Muñoz

EMILIANO ZAPATA
Juan Gallardo Muñoz

EMILIANO ZAPATA
Juan Gallardo Muñoz

EMILIANO ZAPATA
Juan Gallardo Muñoz

EMILIANO ZAPATA
Juan Gallardo Muñoz

EMILIANO ZAPATA
Juan Gallardo Muñoz